年商1億円を目指す

社長の「仕組化」の教科書

株式会社メディア・ビー
代表取締役
長島裕之

明日香出版社

私たちの業界では、一般に「ホームページ」と言われているものを、普段「Webサイト」と呼称していますが、本書ではわかりやすいように「ホームページ」という言葉で統一いたします。

はじめに

劇画『ゴルゴ13』はコミック200巻（単行本／リイド社）を超え、ギネスにも記録が残されています。この劇画の人気と長寿こそ、本書で紹介する「仕組化」の成功例の一つだと思います。

著者のさいとうたかを氏は還らぬ人となってしまいましたが、驚くことに連載は継続されています。漫画の世界では、著者は会社で言うのなら社長で、アシスタントは社員です。そして漫画は職人芸の世界で、もっとも仕組化しづらい業種だと言えます。

これをさいとう氏は見事に仕組化しました。

脚本は銀行マンやキャリア官僚など、さまざまな分野のスペシャリスト50人が協力し、背景を専門に書くスタッフもいれば、人物や武器を専門に書くスタッフもいます。本人はゴルゴの目しか書かないという都市伝説もあったくらいです。

さいとう氏は、普通の漫画家が人には任せないこともすべて仕組化し、とことん任せきっていたので、入院していた時期も連載は続いていました。ご本人は監督に近い立場で、プロの集団に仕事を委任している感じだったようです。

このように、**社長がいなくても、会社が回っていく状況にする。それを可能にするのが、本書で提案する「仕組化」**です。

年商1億円は成功の入り口だと、中小企業やベンチャー企業の経営者の間では言われています。

少し古いデータになりますが、総務省統計局が平成28年に行った調査によると、売り上げ高が1億円以上の企業は全体の19・1％（大企業も含む）。その時点での日本全体の企業数は約３８６万社です（『平成28年経済センサス　活動調査』）。

つまり、５社に1社は1億円を超えていることになります。

なお、この調査で一番多かったのは３００万～１０００万円未満の企業で、23・３％でした。

この層の企業でも、年商1億円を突破することは可能です。それも、新規事業の開発やヒット商品を生み出す必要もありません。「仕組化」さえ確立すれば、「年商1億円の壁」は楽々超えられるのです。

私は大手ＩＴ企業で８年間勤めてから、株式会社メディア・ビーを仲間と共に立ち上げました。メディア・ビーは企業のホームページを制作したり、ＳＥＯ対策をするＷｅｂ系ＩＴ企業です。

起業して間もなく年商1億円の壁は超えられたのですが、そこから維持するのは予想以上に大変でした。リーマンショックや東日本大震災などの外的要因で売り上げが激減することもあれば、優秀な社員がどんどん辞めていき、内部がガタガタになったこともあります。

会社には浮き沈みがあるとわかっていても、振り幅が大きすぎるとダメージを受け、立て直すまでに時間がかかります。

せめて浮き沈みの振り幅を小さくする方法はないだろうか。

その解決策として私が選んだのは「仕組化」です。**会社のありとあらゆることを仕組化して、効率化を図ることで会社の屋台骨を強化しました。**

仕組化をするうえで参考にしたのは、欧米発の**「Action COACH」**というメソッドです。アクションコーチでは事業の基礎のつくり方から成長のさせ方、M&Aで会社を拡大させていく方法などを科学的に学びます。

アクションコーチのステップに沿って仕組化を進めていったら、私が会社に行かなくても、現場の社員だけで会社を回せるようになりました。これを**「自走化」**と言います。

自走化するまでは、それこそ365日、朝から晩まで休む間もなく仕事をしていたのに、嘘みたいに仕事の量が減り、自分の時間も持てるようになりました。

そして気づいたのですが、仕組化するうえで何よりも大事なのは**「エンパワーメント（権限委譲）」**です。

ただ「この仕事、やっといてね」と頼んだだけでは仕事を任せたとは言えません。権限と責任を与えて任せきって、初めてエンパワーメントしたと言えます。

任せることの重要性を感じている経営者は多くても、「任せきる」ことができる人は少数派です。

メディア・ビーは仕組をつくってエンパワーメントすることで、社員は自分の頭で考えて働くようになり、生産性はみるみる上がりました。その勢いに乗って、他社から撮影事業やタキシードのレンタル事業などをM＆Aで買い取り、その事業も順調に伸びています。

仕組化を始める前に比べると、今はグループ企業全体で年商2億円超の会社に成長できました。

そのうえ、現在、私は自分の経験を活かして経営コンサルタントもしています。事業を自走化できると、そんな風にありとあらゆることにチャレンジするチャンスも生まれます。

おそらく多くの人は、社長が会社に行かなくても事業が成長していくなんて、夢物語のように感じるかもしれません。

しかし、これは事実です。

本書では、私が実践してきた事業の仕組化とエンパワーメントの仕方をご紹介します。私が成功したくらいですから、誰でもこれらを学べば、いくらでも1億円の壁を越えられます。

M&Aも大企業だけの話ではなく、年商1億円くらいの企業でも成長戦略の一つとして普通に取り入れられる方法です。一つひとつの事業を一から立ち上げて軌道に乗せるのは大変なので、すでにある事業を買い取りながら会社の規模を大きくしていくのが、現代のスピードに合っている方法だと思います。

本書で紹介する方法を駆使すれば、会社経営にもっと余裕が生まれます。そして体力的にも時間的にも余裕ができれば、自分自身と会社の可能性が広がっていきます。

自分の時間を取り戻して、志や目標を再認識するためにも、ぜひ事業を自走化させてください。そのために本書を活用していただけることを願っております。

長島 裕之

2021年　11月

年商1億円を目指す社長の「仕組化」の教科書：目次

第1章 小さな会社の悩みは「仕組」で解決する

第2章

エンパワーメントをできる人、できない人

第3章

小さな会社で売り上げ1億円を超える長島メソッド

第4章

仕組が人を育てる

第5章

50社の会社を経営している億万長者から学んだ「成功する会社」のつくり方

第6章

小さな会社を1億円企業に育てるための7つの教え

第1章

小さな会社の悩みは「仕組」で解決する

社長が忙しい会社ほどうまくいっていない現実

私は現在、週に1回くらいしか会社には行っていません。

それは決して自分が楽をするためではなく、そのほうがすべて順調にうまくいくからです。

もちろん、会社は私がいなくても社員だけで仕事が回るようになっています。

「自分の会社なのに、社長が会社に行かないなんて、おかしくない？」

そう感じる方もいるでしょう。

世の中の社長に対するグチで、「うちの社長は全然会社に来ない」なんて不満をよく耳にします。

しかし、社長が全然会社に来なくても業績がいい会社と、社長が毎日会社に来ていても業績が伸び悩んでいる会社、どちらが社員のためになっているでしょうか？

私は仕事柄、多くの中小企業やベンチャー企業とお付き合いしてきました。そのうえで感じているのは、**社長が忙しい会社ほど、実は会社の経営はうまくいっていない**という現実です。

どの社長さんもマジメで、自分の会社を何とか継続させようと必死です。朝から晩まで寝る間を惜しんで仕事をして、自社の商品やサービスを社長自らが売り込み、社員にやる気を出させるために丁寧に声をかけたり、飲みニケーションをしたり、３６５日休みなく働いている社長も大勢います。

それでも業績は伸びるどころか、落ちていく。

その様子を見ていると、もはや「一生懸命やれば数字がついて来る」とか、「いい商品さえつくっていれば、世の中に認めてもらえる」などといった精神論は通用しないのだと感じます。

気合いで頑張れてもせいぜい10年くらいが限界です。

社長は忙しいものだ。
社長は先頭に立って誰よりも働かなくてはならない。
社長は社員のモチベーションを上げなければならない。

そんな風に思っているなら、今すぐその考えを捨ててください。

社長が週に1回くらいしか会社に行かなくても、誰も困らずに仕事を回せるような仕組をつくらなければ、長期的な成長は望めないと思います。

社長ががむしゃらに働かなくても、社員を鼓舞しなくても、勝手に社員が働いて業績がぐんぐん伸びる会社。そんな会社にするための仕組のつくり方を、本書では提案します。

今は学生で起業する人も珍しくなくなり、誰でも気軽にビジネスを始められるようになりました。しかし、ビジネスを継続させるのは簡単ではありません。

メディカル・データ・ビジョン社長の岩崎博之氏によると、ベンチャー企業の生存率は創業から**5年後で15・0%**、**10年後で6・3%**。**20年後はなんと0・3%**

だそうです（「日経ビジネス」『創業20年後の生存率0・3％を乗り越えるには』より）。

「ベンチャー企業で成功するのは千社のうち三社くらいだ」という「千三つ」という言葉もあるので、この数値も頷けます。

その生き残った0・3％の会社は世の中にないサービスや商品を開発したから生き残れたのでしょうか？

もちろん、そういう会社もあるでしょう。しかし、私はそうではない会社であっても0・3％になれると考えています。

実は、私の会社はいたって普通のIT企業です。企業のWEB制作やSEO対策を手掛けていますが、そんなIT企業はほかにいくらでもあります。

それでも16年間続けてこられましたし、1億円企業に成長できました。

あと4年で0・3％を乗り越えられます。コロナ禍でも乗り切れたので、よほどのことが起きない限り、会社を20年以上継続できるでしょう。

私の会社が生き残って来られた理由はただ一つ、「仕組」をつくったからです。

その仕組をつくることができれば、どんな会社でも生き残っていけると確信しています。

逆に、仕組をつくれない会社は、どんなにすぐれたサービスや商品を持っていても、消えゆく運命にあるかもしれません。

それくらい、仕組は会社の命運を左右するものなのです。

私も365日、朝から晩まで働く社長だった

私がこのたび、本書で仕組づくりの重要さを書くに至ったのは、私自身がジェットコースターのような経験をしてきたからです。皆さんにそのジェットコースターに同乗してほしいというつもりはありません。むしろ、乗らずに済んでほしいと思っています。

私は30歳のときに大手ＩＴ企業から独立し、当時の会社の同僚、取引先の営業マンと３人で２００５年にＷＥＢ制作会社を立ち上げました。それが「株式会社メディア・ビー」です。

営業マンは張り切って大企業の案件も含めて多数の契約を取って来てくれました。私はＳＥ（システムエンジニア）としてシステムを構築し、同僚がデザイン

を考えるという役割分担で、起業して間もない頃から順調に仕事は回っていました。

ジェットコースターで言うなら、ゴトンゴトンとゆっくり上がっていく最初の上りです。

ところが、創業10カ月で営業マンがいきなり退職。私も同僚も営業の経験がないので慌てましたが、前職からのつながりで大きな契約をもらうことができ、何とかピンチを乗り切れました。しかし、これはまだイントロです。

それからはとくに大きなトラブルもなく、仕事は順調に増えていったので、社員を雇い、少しずつ会社は成長していきました。

当時の私は制作だけではなく営業も財務も担当し、それこそ朝から晩まで睡眠時間を削って働いていました。社長は365日働くのは当然だと思っていたくらいです。

働けば働くほど仕事が増えていくのが嬉しくて、自分の仕事の仕方に疑問などみじんも持っていませんでした。

年商1億円までポンポンと駆け上がっていき、「このまま行ったら、5、6年で年商10億円はいくかもしれないな」などと夢を見ていた矢先のことです。

ここでいきなり大きな下りが来て絶叫しました。

2008年、**リーマンショック**が世界を襲い、取引先が倒産し、未回収だった600万円の制作費と、今後の売り上げを失ったのです。

さらに、売り上げの6割を占めていた広告代理店の仕事も半減し、一気に赤字に転落し、倒産の危機に陥りました。

当時はどの企業もWEB制作にお金をつぎ込む余裕はなくなっていたので、営業してもまともに取り合ってもらえません。結局、銀行に多額の借り入れをしてしのぐしかありませんでした。

それからしばらくはガマンの時期が続き、ようやく業績が上向いてきたので、ジェットコースターも第3の上りに向かい、安心しかけたときのこと。**東日本大震災**が起き、また売り上げがドンと落ちて、またも奈落の底へ。しばらくは耐えるしかありませんでした。

こんなに世の中の動向や環境の変化に振り回されていてはマズい。

そう考えるようになって、事業を二本柱にするためにSEO対策（検索エンジンで上位に表示させるようにするための対策）を始めました。

SEO対策のビジネスはそれ以前にも世の中にありましたが、新しい技術が開発され、わが社はそちらで参入したので、うまく時流に乗れたのが幸いでした。

ようやく売り上げも安定してきて社員も二桁になり、再び事業が軌道に乗り始めました。

ここでジェットコースター第4の上りです。それは、第4の下りに向けてのスタートでもありました。

会社は比較的順調でしたが、私は体調を崩してしまいました。激務とストレスで胃炎が悪化したうえ、ヘルニアになってしまい、電車にすらまともに乗れない状態でした。それでも会社に行かなければならないので、頑張って電車に乗っても、吐き気に襲われ、一駅ごとに降りて休むしかない。本当は会社に行きたくなかったのですが、山ほど仕事があるので、そうもいきません。

それこそ這うようにして会社に行っていたのですが、ますます体調は悪化して、結局入院することになりました。

病室で点滴を打たれながらぼんやりと思ったのは、「オレ、このままだと死ぬな」でした。

「オレが死んだら仕事が回らなくなるから、会社もなくなるな。それでいいのか？」

自問自答した結果、社員に仕事を任せようと決意しました。

崩壊寸前の会社が立ち直れたのは「仕組化」のおかげだった

私が倒れるまで追い込まれたのは、「自分でやるほうが早い」「自分でやるほうが仕事のレベルが高い」と社員を評価せず、仕事を抱え込んでいたからです。

自分が抜けて会社は大混乱になっていたので、自分がいなくても仕事が回るような状態にしておかないといけないと、ひしひしと感じました。

そこでさっそく社員に任せようと決断し、実行に移したのはよかったのですが、方法がまずかった。

私は「オレ、会社にはもう来ないから、後はよろしく」という感じで、社員にいきなり仕事を丸投げしてしまったのです。

動揺する社員に対して、「取引先もみんなで見つけて来てよ。今まで教えて来たんだから、それくらい、できるでしょ？」「システムもオレに相談しないでつくれるでしょ？」と突き放しました。

これでは泳ぎ方を知らない人を、いきなり深い海に突き落とすようなものです。

今ならわかりますが、社員から「うちの社長は会社に来ない」とブーブー文句を言われるのは、当時の私のようなやり方をしている社長でしょう。

当時は任せ方の本が売れていましたし、「任せたら、社員は自分の頭で考えて、仕事ができるようになるんだ」と思っていました。

しかし、私の予測に反して、あっという間に社内は大混乱に陥りました。「こんないい加減な社長の下でやってられるか」と、優秀な社員から抜けていき、20人以上いた社員が、２年くらいで半減。

社員同士で仕事を押し付けあい、誰も責任を取ろうとせず、お互いにいがみあうようになり、社内の雰囲気はギスギスしていました。新規に社員を採用しても、その雰囲気に耐えられず、すぐに辞めてしまいます。

当然、業績も悪化していき、このままだと倒産するという危機的な状況になってから、私は2年ぶりに実務に戻りました。

私が再び陣頭指揮をとりながら営業やSEをした結果、時間はかかりましたが、会社は持ち直し、5回目の上りに入りました。とはいえ、前のような激務が続いたら、今度こそ自分の体がもたないとわかっていたので、やはり社員に任せていくしかありません。

そんなときに**「アクションコーチ」**というメソッドに出会い（第5章で詳細をお話しします）、自分の企業に足りないのは仕組だったのだと気づきます。

丸投げするのではなく、「委任」する仕組を整えてから少しずつ仕事を任せていけば、社内は混乱しないだろう。そう思ってから仕組づくりに取りかかり、2、3年かけて社員に仕事を委任していった結果、私は毎日会社に行かなくてもいい状況になりました。

しかも、仕組をつくってからのほうが、社員は間違いなく成長しました。

社員の士気を高めるために何度もミーティングを開いてコミュニケーションを取ったわけでもなく、むしろミーティングは減らしていったのですが、社員の仕事への向き合い方は明らかに変わりました。

それは権限委譲、つまり**「エンパワーメント」**を上手にできたからでしょう（詳細第2章）。

何も下地を整えないまま丸投げしたときは大混乱になりましたが、仕組をつくってから少しずつ委任していったら、何の混乱もなく会社は安定しました。

それから私はほかの企業をＭ＆Ａで買って立て直し、利益を生み出す事業にしました。

つまり、会社を大きくするステージに移ったということです。今までに3社を買収し、それに伴って企業の規模が大きくなり、今では年商○億円の企業に成長しました。

ただし、買収した企業も仕組を導入して、私がいなくても仕事が回るようにするのは大前提です。これをしないと、せっかく企業を買っても内部がガタガタになり、業績が悪化してほかの事業まで共倒れになる可能性もあります。

これまで16年間、何度も上ったり下りたりしながら会社を何とか成長させてきました。

コロナ禍でもジェットコースターの下りに入りましたが、すぐに持ち直しました。いつかまた長い下りに入っても、持ちこたえられるでしょう。なぜなら、**仕組によって会社の屋台骨が強化された**からです。

悪戦苦闘の実体験から、小さな会社の仕組づくりについては、私は誰よりもうまくできるのではないかと自負しています。

この本を手にした皆さんは、私のように悪戦苦闘する必要はありません。本書でご紹介する仕組づくりを導入すれば、スムーズに会社を1億円企業に育てられるでしょう。

社員が育たないのは「任せる」のではなく、「丸投げ」しているから

前項でお話ししたように、私は社員に仕事を任せられないダメな社長でした。

以前の私は、「うちの社員は全然育たないな」「なんで自分の指示した通りに動いてくれないんだ」と、不満を漏らしてばかりいた気がします。

しかし、今ならわかります。

社員が育たないのは、自分が委任できなかったからなのだと。

なお、通常は「任せる」という表現を使いますが、アクションコーチでは「Delegation（デレゲーション）＝委任する」という表現を使うので、私は後者の表現を普段使っています。

辞書では、委任の意味は「信頼する人に仕事などを任せること。委託するこ

と」（『精選版　日本国語大辞典』）となっています。その言葉からも「委任」のほうがピッタリだと思っています。

アクションコーチでの委任は、部下に権限と責任を与えることを重視しています。

以前の私は、部下に権限も責任も与えず、「自分で考えてやって」と仕事を押し付けていたので、これは単なる丸投げです。だから部下も「取引先にこんな見積もりを出されました」と連絡してきて、「こんな料金じゃ受けられないでしょ」と私が苛立つこともありました。

私としては、「任せたんだから、それくらい自分で判断してやってよ」と不満を感じていましたが、部下は自分でどこまで決めたらいいかわからないし、社長とはすぐに相談できないし、相談しても突き放されるし、どうすればいいか混乱していたでしょう。

役職についている社員には「部下を育ててね」と丸投げしたものの、部下をどのレベルまで育てたらいいのかわかりません。そのうえ、上司も自分の仕事で手一杯なので、部下に何か相談されても、「適当にやっといてよ」「自分で考えて」と突き放す。そして、仕事の出来が悪かったら怒る、というのは末期症状の職場にありがちな光景です。

こんな状況で人が育つはずありません。

任された側がどこまで判断したらいいのかわからず、どう動けばいいのかわからないのであれば、それは任せる側が責任放棄をしているので丸投げです。社員が自分の頭で考えられないのではなく、自分の任せ方に問題があったのだと気づくまで、私も時間がかかりました。

私が丸投げをして大失敗したように、多くの社長は仕事を任せているつもりで丸投げしています。その自覚がないだけです。

「あなたのミッションはこれです」と定義し、権限を与えて任せるのは仕組的な委任ですが、権限も責任も与えずに「お前、これやっとけ」と押し付けるのは丸投げです。

たとえば、クライアントから依頼があったデザインの案件を任せるときに、

「この案件、A君が適任だと思うから、君に任せたいんだ」と社長が伝えたとします。

多くの社長は、こういう状態を「任せた」と表現しています。任せるときに、相手のモチベーションを上げるような伝え方をすれば「いい任せ方」をできたと思っているのでしょうが、私から見ると丸投げであることに変わりはありません。

なぜなら、この任せ方だと、デザインだけを考えればいいのか、クライアントとのやりとりもしなければならないのか、料金の交渉もしなければならないのかがわからないからです。もっと細かく言うと、デザインの最終決定を誰がするのかもわからないでしょう。

伝え方でどうにかなる話ではなく、**社員が迷わないよう的確に指示を出して、初めて社員も実力を発揮できるようになります。**

社員がなかなか育たないと感じるのなら、自分がしているのは丸投げなのか、委任なのか、よくよく考えてみましょう。

ところで、デレゲーション（任せる）には「権限の譲渡」という意味がありま す。

そういう意味ではエンパワーメントと似ていますが、**エンパワーメントは「メンバーの考えを積極的に取り入れ、権限を委譲することで、相互に協力しながら自発的に目標の達成を目指そうという考え方」**と、辞書でもかなり踏み込んだ意味になっています。

つまり、エンパワーメントはただの任せるではなく、「デレゲーション＋自発性、自己成長」の意味なのです。

仕組化や委任という表現を使っていると、機械的に組織をマネジメントするような印象を受けるかもしれませんが、決してそうではありません。

私は社員に自分の会社に入ってもらったからには、自分の成長のために会社を最大限活かしてほしいと考えていますし、働きがいも感じてほしいと思っています。

エンパワーメントで社員が生き生きと働く職場にした結果、1億円の壁を超えることができるのです。

マニュアルをつくる、生産性を上げる……これらがうまくいかない理由

会社を仕組化しようと考えるとき、真っ先に手掛けるのが「マニュアル」でしょう。

マニュアルをつくったらみんなが迷わずに同じ仕事をできるので、効率がいいように感じます。しかし、実際にはせっかくつくっても使われないまま会社のどこかで埃をかぶっているケースがほとんどです。

マニュアルをつくっても、いちいち「あれはどうすればいいんだっけ?」と該当するページを探すのは面倒なので、すぐに誰も使わなくなります。それを防ぐために新入社員の研修で使ったと頃で、みんな自分なりのやり方にアレンジして、マニュアルは意味をなさなくなるのがオチです。

無印良品やしまむらのようにマニュアルの導入に成功した企業もありますが、

そういう企業はマニュアルを現場で浸透させるために、現場の人につくってもらって常にアップデートする仕組を整えたから成功できたのです。

マニュアルをつくるだけではなく、**マニュアルを活用できる仕組をつくらないと役に立たない**と考えたほうがいいでしょう。

また、生産性を上げようと残業を禁止する企業も少なくありませんが、社員は家に仕事を持ち帰っているだけなので、まったく効果はありません。むしろ、**仕組を整えないのに働く時間を削減したら、社員の負担がより増えてブラック企業化します。**

時短勤務やフレックスタイム制度、フリーアドレス制（自分の席をもたずに好きな席で仕事をできるようにする）といった制度を導入するのも同じです。うまくいかなくて断念する企業が多いところを見ると、制度やルールをつくっても必ずしも機能するわけではないのだとわかります。

おそらく、多くの社長は自分の負担を減らしたくて、あるいは社内が一つにまとまらないなどの悩みを抱えて、さまざまな仕組を取り入れようとしてきたのではないでしょうか。

それでもうまくいかなくて、「うちの会社は何をやってもダメだ」とあきらめている方もいるかもしれません。

それは社員の能力や性格の問題ではなく、仕組が合わなかったのか、導入の仕方がよくなかったのか、どちらかです。

そもそも、どこかの企業でうまくいった仕組でも、自社に合うとは限りません。

会社の規模によっても業種によっても社風によっても、どの仕組が合う・合わないは変わって来るでしょう。

さらに、仕組を導入するには、導入しても耐えられるような基礎を整えておかなくてはなりません。この基礎については第5章で紹介しますが、私は**基礎を整えてから仕組を取り入れたから混乱なくうまくいきました。**

今まで仕組化を試してもうまくいかなかった方も、本書で紹介する方法をだまされたと思って試してみてください。今度こそ効果を実感できるはずです。

世界のホンダになれたのは委任できたから

本田宗一郎とビル・ゲイツの共通点は何でしょうか？

どちらも創業者、カリスマ経営者、発想の天才など、さまざまな共通点があるのは言うまでもありません。

私が注目する点は、2人とも、**自分の得意分野とそうではない分野を認識していて、実務的な仕事を右腕にすべて任せていたこと**です。

本田宗一郎の右腕は藤沢武夫。ビル・ゲイツの右腕はスティーブ・バルマーです。

本田宗一郎本人も「私は不得手なことは一切やらず、得意なことだけをやるようにしている」という名言を残しています。

本田宗一郎が技術屋に徹することができたのは、藤沢武夫が優秀な参謀だったからです。

2人が出会ったとき、本田宗一郎は次々と新しい製品を発明して世に出していましたが、代金を回収する術を知らなかったので、会社は倒産寸前でした。そんな折に知人に藤沢武夫を紹介されたのです。

2人はすぐに意気投合し、数回会っただけで本田宗一郎は藤沢武夫を全面的に信頼して、実印と会社の決定権を託しました。まさに委任です。

それから本田宗一郎は機械いじりに専念して、藤沢武夫は販売や財務を一手に引き受け、全国に販売代理店を構築するなど奔走し、ホンダを世界一のオートバイメーカーへと押し上げます。

もし本田宗一郎が藤沢武夫に経営を委任しなかったら、ホンダはここまで大きくなれなかったでしょう。それどころか、本田技研は消滅していたかもしれません。

本田宗一郎66歳、藤沢武夫61歳のときに、2人で一緒に社長、副社長を引退します。そして45歳だった河島喜好が二代目社長に就任しました。

ホンダは今も委任のシステムがきちんと機能しているから、同族ではなく、社員から優秀な人間が選ばれて社長になっているのでしょう。

ビル・ゲイツも学生時代からコンピュータープログラミングにのめり込んでいた天才肌です。ハーバード大学を中退してマイクロソフトを立ち上げました。スティーブ・バルマーはハーバード大学でビル・ゲイツと出会い、卒業後ＭＢＡをとるためにスタンフォード大学に通っていた頃、ビル・ゲイツに誘われてマイクロソフトに入社します。

ビル・ゲイツに経営面を任されてから、あっという間に社員も増え、会社の規模は大きくなっていきました。現在のマイクロソフト帝国を築けたのは、スティーブ・バルマーがいたからといっても過言ではないでしょう。

これも、ビル・ゲイツがスティーブ・バルマーに自分の不得手な分野を委任したから成し遂げたのです。

しかし私はここで、「自分にとっての藤沢武夫やスティーブ・バルマーを見つけよう」と言いたいわけではありません。そんな超優秀な右腕を見つけるのは、よほど運がいいか、自分自身にとびぬけた才能がないとムリです。

私は、**仕組をつくって委任できるシステムを整えれば、超優秀な右腕がいなくても会社を成長させられる**と考えています。たった1人の超優秀な右腕にすべてを託さなくても、数人の幹部に分担して任せれば、会社は十分回っていきます。

1人ですべてをやっている限り、会社は今以上に大きくなりません。本田宗一郎も藤沢武夫に任せたら、劇的に売り上げが増えて会社が大きくなったと言います。

1億円企業に育てたいなら、人に任せること。それも「任せきる」というくらいに徹底して任せるのが成功の秘訣です。

自分が死んでも、会社は回るのか

私はクライアントの社長にコーチングするとき、「もし明日、社長が死んだら、あなたの会社はどうなりますか」と最初に問いかけます。

たいていの人は「うーん」と腕組みをして考え込んでしまいます。

お子さんがいるなら、「息子さんが社長になるんですか」と尋ねると、「いやあ、息子が社長になっても、クライアントとどう話していいのかわかんないし、どう営業していいのかもわかんないから、にっちもさっちもいかなくなるでしょうね」と困ったように答えます。

私は後継者を育てたほうがいいと勧めているわけではありません。

社長がいつ抜けても問題なく仕事が回るような仕組をつくっておけばいいと言

いたいのです。その仕組さえあれば、誰が後継者になっても会社は回ります。

後継者がいなくて頭を悩ませている中小企業の社長は多いですが、後継者を育てようとか、ふさわしい誰かを探して社長になってもらおうとしていたら、何年もかかります。その間に社長が倒れたら会社は存続危機に陥るでしょう。

もし、皆さんが営業や企画や製造などの実務も手掛けているのなら、それをそっくりできる後継者は育つわけありません。自分で立ち上げた会社だから身も心も会社に捧げられるのであり、たとえ自分の子供であっても、多大な熱量でその仕事量をこなすのはムリだと考えるべきです。

したがって、**社長が実務を一切しないようにしておけば、いつでもすんなりと社長交代できます**。私の会社も、私がいなくなっても幹部がすぐに社長になって仕事を回せるようにしてあります。

とはいえ、根っからの技術者で一生ものづくりに関わっていたい社長や、現場でずっと働いていたい社長は、そのまま実務を続けていけばいいと思います。

ただし、社長が第一線で活躍していたら、社長が倒れでもしたら現場は混乱しますし、仕事が止まります。私もそれを経験したから、社員に任せることにしました。

それを避けるためには、社長が不在のときでも現場が回るように仕組化するしかないでしょう。そのうえで実務を続けるのなら、誰にも迷惑をかけずに済みます。

「もう自分の代で会社は終わりでいい」と考えているのなら、周りに迷惑をかけないように会社を終了する準備をしておいたほうがいいかもしれません。

会社を清算するならそういう仕組を整えておくべきですし、どこかの企業にバイアウト（買収）してもらう道筋を整えることもできるでしょう。

残された社員のためにも会社を残したいなら、やはり社長が抜けてもいい仕組をつくっておくしかありません。

会社のためにそれをできるのは、唯一、社長だけです。

社長がすべき仕事は3つだけ

社長自らが営業することを「トップ営業」と言います。

トップ営業の会社は強いという説がありますが、本当にそうでしょうか？

確かに、社長が自社の商品やサービスを売り込みに来たら、特別感がありま す。社長なら交渉相手も社長や役員になるので、即断即決で契約がまとまりやすく、普通の営業マンよりずっと有利でしょう。

しかし、社長が営業してガンガン契約を決めていたら、社員が育たなくなりま す。社員には社長のような決定権がないので、社長以上に契約を取るのはムリで す。実力というより立場で契約を取れるなら、社員はやる気をなくすでしょう。

そのうえ、社長から「お前の営業の仕方じゃダメなんだよ」というようにダメ出しでもされたら、心が折れます。そうなったら、何のために営業部をつくったのか、という話です。

創業時は社長が営業するのも仕方がないとはいえ、この先20年も30年もその状況でいたいのでしょうか？

営業したくて会社を立ち上げたのならともかく、**自社の商品やサービスを世の中に広めたくて立ち上げたのなら、営業は本来、社長がすべき業務ではないはずです。**

「そうは言っても、うちの社員はうちの商品のことをよくわかってないから、自分が営業するしかない」と思うのなら、社員を育てられない社長サイドに問題があります。

自分で商品をつくって自分で売るような個人事業主なら1人でやっていればいいですが、社員を雇って仕事を任せるのなら、その社員が自分以上に仕事をできるように育てるべきです。そうしないと1億円企業には成長できません。

社長が優秀な営業マンなら、自分と同じようなレベルの営業マンを何人も育てられたら、その会社は最強です。そのために営業を仕組化する方法がありますので、（第4章で詳細を解説します）。

トップ営業をしないのなら、社長は何をすべきか。

私は社長がすべき仕事は3つだけだと考えています。それ以外のことはすべて社員に任せてもまったく問題ありません。

それは次の3つです。

1、戦略を練る

社長は今のことだけを考えるのではなく、5年後10年後の先を見て、会社をどうすべきかを考えなくてはなりません。**会社のミッションやビジョンといった大きな目標を掲げて、それに向かって突き進んでいけるような会社の戦略を考えるのが社長の役割**です。

たとえば、新規事業をやりたいときは、会社の今後の戦略に該当するので、社長の仕事になります。メディア・ビーでは、どのタイミングでどんな新規事業を始めるか、あるいは事業から撤退するタイミングなどは、すべて社長の私が考えています。

そして、新規事業を立ち上げたら、後は社員に任せます。**立ち上げるとこ**

ろまでが社長の仕事です。

本書で紹介する仕組化も戦略の一環です。戦略に沿って仕組を導入するのであり、戦略を伴わない仕組はうまく機能しないでしょう。

2、幹部の管理

社長が実務から離れるためには、幹部に会社を仕切ってもらう役割を委任する必要があります。

幹部社員に対して、あなたのミッションはこれで、この数値目標を達成するために動いてもらうのだと伝えて、それが実現できているかどうかを確認します。

幹部以外の社員については、社長が育てるのではなく、幹部や各部署の部長や課長などのリーダーに任せます。部長や課長に何を任せるのかは幹部社員が決めることで、社長が口出しすべきではありません。

このシステムを実践すれば、社員が100人になっても200人になっても、社長の負担は変わらないままです。**社長が管理するのは幹部社員の数人**

だけ。それ以外の社員は幹部社員が管理できるようにすればいいのです。

3、財務

唯一社長がすべき実務は、財務です。それ以外の人事や営業、企画や商品開発などは社員に委任してもまったく問題ない仕事です。誰を採用するか、異動させるかといった人事権も、各部署のリーダーに委任していいでしょう。

財務はよほど大きい会社ではない限り、社長の仕事だと思っています。

経理は人に任せてもいいでしょう。経理は日々のお金のやりとりがメインの仕事で、取引先から入金があったら売り上げとして台帳に記帳するとか、社員の経費を精算するなどの作業になります。

財務の主な仕事は資金繰りです。

たとえば、「このペースでいくと3カ月後にお金がなくなりそうだな」となったときに、「よし銀行にお金を借りに行くか」と判断するのは社長しかいません。

会社を維持するために、今月はいくら入金があり、支払いがいくらあって、現金がどれくらい残っているのかという**お金の流れは社長が把握しておくのは必須**です。そういった資金繰りができない社長はどんぶり勘定になり、気がついたら会社が火の車になっていた、という状況に陥ります。

財務の仕事を経理に任せると、横領などの不正が起きる可能性もあるので、それだけは最後まで社長が守るべき領域だと言えます。

また、**社員の給料に関しては社長が決めるべき**ですし、そこだけは幹部社員にも経理担当者にも任せないほうがいいでしょう。

給与だけは最後の最後まで社長が1人で管理したほうがいいと私のクライアントにはアドバイスしています。

これからの時代は、「企業は仕組なり」

前項の社長がすべき仕事の3つに**「人材育成」**が入っていないのを、意外に思う読者がいるかもしれません。

経営の神様、松下幸之助は「企業は人なり」という名言を残していますが、誤解を恐れずに言うのなら、私は「企業は仕組なり」だと考えています。

昔のように社員と家族のように密接にコミュニケーションを取って、手取り足取り教えられる時代なら、企業は人なりと言えるでしょう。

しかし、今の若い世代は仕事とプライベートの両立を大切にしている人が多いので、会社に縛り付けるのはまず無理です。社長と同じくらいに働いてくれる社員を育てるのは不可能ですし、転職が普通になっている時代に、社員に愛社精神を持ってもらうのも現実的ではありません。

結局のところ、社員が定時に上がって有休をしっかりとれて、プライベートを充実させられるようなホワイト企業にするのが、社員のためになります。

そのために仕組を導入して、仕事の効率化を図らなければなりません。それが結果的には社員を育てることにつながるので、手取り足取りではなく、これからは**「仕組で社員を育てていく」**のが主流になるのではないでしょうか。

仕組さえ整えれば、たとえコミュ障があったとしても社長になれます。

社員をやる気にさせるために京セラの稲森和夫名誉会長のように社内で飲み会を開いて、ひざを突き合わせて議論するような社風をつくらなくても、仕組をつくれば、必要なときだけ社員とやりとりすれば仕事は回ります。

今は会社の同じ部屋にいてもチャットで会話をするのは珍しくありませんし、社員側も必要最低限のコミュニケーションを求めている傾向があります。

ムリにぐいぐい引っ張っていくリーダーになる必要も、社内表彰制度などで社員のモチベーションを上げる努力も必要ありません。**仕組をつくれば社長の悩み**

の９割は解決できると、断言できます。

仕事や地位が、そして仕組が人を育てるのです。

第2章

エンパワーメントをできる人、できない人

大事なことはあり方（BE）とやり方（DO）

実は、事業を仕組化する前にやるべき大切なことがあります。

それは、あり方（BE）とやり方（DO）を定めておくということです。**あり方とは、社長や会社にとってのミッションやビジョン、つまり経営理念や哲学**です。会社が将来どうなっていたいのか、自分は経営を通して何を実現したいのか、社員にどうなってほしいのかという希望や展望を定めます。**やり方は戦略や仕組、方法**など。ミッションやビジョンに合わせたやり方、どうするべきかを考えて選びます。

あり方とやり方は両方必要です。

立派なミッションを掲げていても戦略や仕組がないと社員は動けませんし、戦略や仕組だけあっても、社員はまとまりづらくなります。

私自身のあり方で言えば、ビジネスそのものが大好きなので、いろいろなビジネスに携わりたいと考えています。だから、SEO対策とホームページ制作の事業では飽き足らず、撮影の事業やコーチングのスキルを活かして経営コンサルタントもしています。

社長になったからには、いろいろな事業をやってみたいので、そのために仕組をつくって社員に会社を任せる。そして、会社をM&Aで買うというのが、私のやり方です。

ある社長は「オレ、ゴルフが好きだから、会社には週に1度だけ行って、残りの6日間はゴルフに行きたいんだよね」と語っていました。そんなあり方でも全然かまいません。

そのあり方に従って、週6日間ゴルフに行くために仕組をつくって、社員にすべて委任すればいいでしょう。

あり方が定まってないと、社長自身が何のために、何を委任するのかがわかりません。

社長自身が何を目的にしているのか、どうなりたいのかが定まってないと、自分の会社を使って、どこに向かっていくのかがわかりづらい。そこが決まってないと先も見えないので、会社としての目標やビジョンもつくりづらくなります。もしかしたら、毎年ビジョンや目標がコロコロ変わるかもしれません。

微調整はあっていいのですが、去年と今年で言っていることが真逆になると、社員は何をベースに判断すればいいのかがわからないので、社内は混乱するでしょう。

だから、DOは変えてもいいですが、BEは簡単に変えてはいけないのです。

この順番は大事で、**「あり方が先、やり方が後」**です。

先にやり方を実践すると、「うちには合わないね」となったり、社内が混乱します。

たとえば、スターバックスではアルバイトにでも社員にでも、入社するとまず

80時間の研修を行っています。なお、研修期間も給料は支払われます。その研修で、まずはスターバックスのミッションや歴史について学びます。

ちなみに、スターバックスのミッションは「人々の心を豊かで活力あるものにするために ひとりのお客さま、一杯のコーヒー、そしてひとつのコミュニティから」です。

コーヒーの淹れ方や掃除の仕方などの業務についてはそれから学びますが、接客についてはマニュアルなどで定められていません。お客様のために何をするのかを自分で考えるように奨励し、細かいルールで統一していないそうです。

つまり、お客様に「いらっしゃいませ」と挨拶しても、「こんにちは」と言ってもOK。皆さんもコーヒーを注文したときにカップにイラストを描いてもらった経験があるかもしれませんが、あれも自発的にしている行為なのだとか。お客様の心を豊かにするためだったら、何をしてもいいということになります。

これぞ権限委譲、エンパワーメントでしょう。

スターバックスはまさに、「あり方が先、やり方が後」です。

ミッションを定めていないのにアルバイトや社員に「自分の頭で考えて行動しなさい」と言ったら、店は大混乱になるでしょう。お客様に挨拶しないスタッフもいれば、接客より掃除を優先するスタッフもいるかもしれません。

だから、**先にあり方を決めて、できれば仕組を導入する前に、社内にミッションを浸透させるのが最初にすべき行動なのです。**

「あり方」は会社のブレない軸になる

仕組で解決しようという合理的な考え方に対して、あり方というマインドを大事にするというのは相反することのように感じるかもしれません。

しかし、**あり方がしっかり定まっていないと、仕組を導入しても失敗します。**

富士通が１９９０年代にいち早く成果主義を導入して失敗したのは有名な話です。

バブル崩壊後、会社は社員に終身雇用を約束できなくなり、勤続年数に合わせて給料を上げていくのも難しくなりました。その解決策として一時期持て囃されたのが、欧米型の成果主義です。

成果主義を導入した結果、社員は成果が給料に影響するので、ぬるい目標しか設定しなくなる、短期間で成果を出す仕事しかしなくなる、地味なルーティンワークをおろそかにする、自分の成果にするために先輩が後輩に指導しなくなる……という具合に、次から次へと弊害が起きました。

社員の士気はダダ下がりし、業績も悪化するばかり。結局、富士通では成果主義を見直すことになり、組織を立て直すまでに時間がかかりました。

これも、**あり方を定めずに仕組を導入してしまったから、組織がガタガタになった**のではないかと思います。これ以降、成果主義は劇薬だと恐れられるようになりました。

あり方を先に決めておけば、成果主義を導入するにしても、自社に合った方法にアレンジできたかもしれません。どんな仕組であっても最初は混乱しますが、本当にその会社に合っていたら、1、2年で落ち着くのではないかというのが、私の肌感覚です。

家を建てる際に基礎工事をおろそかにすると、後々どうなるか、容易に想像できます。

社員同士のリアルなコミュニケーションを大事にするために社内イベントを頻繁に開いていたかと思いきや、急に「効率化を図るためにすべてのやりとりはチャットで」などと方針転換したら、社員は戸惑います。社内イベントを喜んでいた社員は離れていくかもしれません。

「うちはワイワイにぎやかに仕事したいから、リアルなコミュニケーションを重視する」と決めたら、方針を変えずに、仕事の効率化を図るにしてもリアルなコミュニケーションには影響しないような方法を考えればいいだけです。

そのうえ、**ありが定まっていると、その会社のミッションやビジョンに共感する人が集まってきます。**つまり、同じ価値観の人が集まるということです。

これは大事なポイントで、「わが社は顧客第一主義」と掲げているのに、「業界でナンバー1を目指したい」と考えている人が入社したら、社風や仕事のやり方が合わなくてすぐに辞めていくでしょう。あり方が定まっていたら、顧客第一主義に共感する人が集まるので、現場は混乱しません。

会社の軸がブレなければ、おのずとどのような仕組をつくればいいのかが見えてきます。

もし、あり方が定まっていないのなら、まずは会社の軸をしっかりと固めてください。

どんなあり方にすればいいのかわからないなら、まずは自分が尊敬している経営者や気になる起業家のミッションやビジョンを参考にするのも方法の一つ。

その人のビジネスの仕方に共感するのなら、ミッションやビジョンも共感できるかもしれません。成功者を真似るのは恥ずかしいことでも何でもないので、堂々と真似てみましょう。

エンパワーメントは「権限」＋「責任」のセットで成功する

会社の仕組化を成功させるための秘訣が、エンパワーメントです。

エンパワーメントとは、辞書によると「権限を与えること」（小学館デジタル『大辞泉』）。

元々、福祉や看護の世界でよく使われていた言葉で、近年、ビジネスの世界でも**権限を与える以外に「能力開花」「自信を与えること」などの意味も含めて使われる**ようになりました。

星野リゾート社長・星野佳路氏は『1分間エンパワーメント』（K・ブランチャード、A・ランドルフ著　ダイヤモンド社）という本に傾倒し、その本の考えにのっとって会社を経営しているそうです。

本書で紹介する仕組は、社員にエンパワーメントすることを基本にします。

どのような業務で委任するのか。

それは、第1章でお伝えした社長のすべき仕事の3つ以外のすべてです。

私の会社では、戦略と幹部の管理、財務以外はすべて社員にエンパワーメントしています。

ただし、エンパワーメントする際に責任も必要になります。**権限と責任を両方与えないと、委任することにはなりません。**

よくあるのが責任だけを与えてしまうケース。

「君は課長ね」と役職を与えても、何か決断するたびに部長のお伺いを立てないといけないのなら、リーダーにする意味がありません。決定権はないのに部下がミスをしたら責任を取らなければならないのなら、リーダーのモチベーションはダダ下がりでしょう。

したがって、責任を与えるなら権限も与える。「あなたはここからここまでを決定する権限を持っている」と明確にしておくのがポイントです。

その決められた権限には、社長も従わなくてはなりません。たとえば、幹部社員に新入社員の人材育成をする権限を与えたら、社長は口をはさめません。社長が新人研修で訓示を垂れるのもダメ。幹部社員から「社長、新人に何かスピーチしてください」と頼まれない限り、社長がしゃしゃりでたらダメなのです。

エンパワーメントはそれくらい徹底して権限を与えないとうまくいきません。

なお、責任といっても、決められた業務をできなかったらペナルティーを与えるという用い方には賛成しません。

「あなたは、これを必達してください。あなたにはそのミッションを遂行する責任があります」と、相手に委任するだけで十分です。もし、**相手がミッションを遂行できなかったらサポートすべき**で、罰を与えたら相手の士気は下がり委縮するので、悪い効果しか生み出しません。

もちろん、会社で起きるすべてにおいて最終的な責任を負うのは社長です。「お前に任せたんだから、責任を取れ」と社員に押し付けるのはエンパワーメントではなく、パワハラです。

そういう事態を防ぐためにも、責任も権限もよくよく考えたうえで与えなくてはなりません。

エンパワーメントできない5つの理由

ここまで読んできて、社員に権限も責任も与えるのをためらう方もいるかもしれません。それは、次のような理由からでしょう。

1、現場で勝手に判断されたら困る

たとえば、営業マンが何の相談もなく商品を値下げしたり、その金額では受けられないような注文を取ってきてしまったら、社長は青くなります。製造部門が勝手に工場のラインを止めたり、人事部が必要以上に人を雇ったりしても、困るでしょう。

こういう事態は、「あなたが判断してもいいのはここまで」と明確に決めておけば、勝手に判断されるのを防げます。金額面も、「いくらまでは下げても上げてもＯＫ」と決められるはずです。
要は、何から何まで自由に決めさせるのではなく、**判断するラインを社長が決めておき、その範囲内なら自由に決めていい、とすれば勝手な判断にはならない**ということです。

2、ミスやトラブルのフォローが大変

エンパワーメントして社員が自分で考えて行動した結果、ミスやトラブルが相次いで、クライアントに謝罪して回ることになったら、やっかいだ。

そんな懸念も、事前に「ここまでは判断していい」と決めておけば、最低限抑えられます。

長年ビジネスをしていたら、どんなミスやトラブルが起きそうかもだいたいわかるでしょう。それを踏まえて委任すれば社長がそのつどフォローしなくて済みます。

たとえば、商品の納期が間に合わなかった場合を想定して、納期までのスケジュールを常にチェックするようなシステムをつくれば、社長が頭を下げ

に行くリスクは減るでしょう。

クレームが来た場合を想定して、「クレームが来たらまずは担当社員が先方に行ってヒアリングする」「商品に不具合があったら、研究機関で調べてもらう」などの対応を考えておけば、社長の手を煩わせずに済むはずです。

3、社員が自分より仕事ができるようになったら困る

意外と、これが多くの社長のホンネなような気がします。多くの社長は負けず嫌いでお山の大将的な気質を持っています。とはいえ、ある意味、経営者には大切な資質かもしれません。

しかし、自分以上に社員が仕事をできるようになれば、自分が楽できます。それこそ、自分が会社にいなくても社員だけで仕事を回せるので、エンパワーメントは大成功だと言えるでしょう。

4、うちの社員はそこまで優秀ではない

これは「自分のほうが優秀だ」と思っているから生まれる懸念でしょう

が、世の中には、自分と同じくらい、あるいは自分以上に優秀な人材は山ほどいます。目の前の社員に対してどうしても優秀さを感じないのなら、自分に相手を受け入れる余裕がないのかもしれません。社員の成長を社長が止めてしまっているとも考えられます。

5、社員にすべてを任せたら、自分のすることがない

毎日朝から晩まで忙しく働くのが生きがいであるのなら、エンパワーメントも仕組化もする必要はないでしょう。

会社を1億円企業にしたい、自分自身が次のステージに行きたいと考えているなら、社員にエンパワーメントして、空いた時間に次のステージに向けての行動をスタートできます。

社員の力を信頼して、責任と権限を与えられるようになれば、自分自身も社長として成長できます。エンパワーメントは社長も社員も会社も成長することができるのです。

エンパワーメントをできる人、できない人

実は、私も以前は権限を与えられず、エンパワーメントをうまくできませんでした。

会社を立ち上げて4年目くらいのときに、営業統括という役職をつくり、ある社員に任せました。営業統括は会社の営業の数字をすべて担う立場で、どのように営業をするのかも、誰を使って営業するかも、すべて自分で判断して自由に動いていいと伝えました。

営業統括を任せた社員は、最初は生き生きと働いていたのですが、1年後に「僕にはやっぱりこの立場はムリです」と辞退しました。

「営業の売り上げを上げなきゃいけないのはわかります。だけど、誰にどこまで

やらせていいのかわからないし、どこまでお金を使っていいかもわからないし、自分がどこまでやっていいのかわからないんです」

そう訴える社員の話を聞きながら、社長経験の浅い私は「何甘いことを言ってるんだよ」と苛立ちました。

今ならわかります。

私が任せきれていなかったから、彼を混乱させてしまったのです。

誰をどこまで使っていいのかも、どこまでお金をかけていいのかも、すべて私が決めなければならないことでした。その定義をしないまま任せたので、彼は日々頭を抱えていただろうと思います。

その後、営業統括という立場はわが社では封印しましたが、最近、私のクライアントの会社でその役職をつくるように勧めて、導入した例があります。

その会社の社長は、とにかく朝から晩まで働いても仕事が一向に減らず、疲弊しきっていたので、仕組化で実務を手放していきたいと考えていました。

私と社長とでその会社に合った方法を一緒に考えていたのですが、社長がトップセールスマンでもあったので、そこを仕組化するのが一番だと考えました。そこで、営業統括を任せる人を雇って、委任するように勧めたのです。

その際に、営業統括について定義づけるようにアドバイスしました。

営業統括は会社の営業の数字をすべて担うので、営業に関しては社長よりも権限があります。会社の売り上げの数値が足りないと、営業統括の人の責任になります。だから、その営業統括には、社長を含めた営業チームを動かすという権限を与えます。

もし「社長、今月は売り上げが足りないので、この会社に行って営業してきてください」と営業統括から言われたら、社長はそれに従わなくてはなりません。社長を営業で使えるのも、社長を使わないと決めるのも、営業統括の人の仕事です。社長が自分の判断で勝手に営業に行くのもＮＧです。

取引先と契約する際に、契約を結んでいい上限と下限の金額もあらかじめ決めておきます。その範囲内なら、担当者がどんな金額に決めても、社長は了承しなくてはなりません。

これこそBE、あり方の徹底が必要です。

委任した相手と社長のあり方がズレていたら、社長は「このクライアントは、オレが営業に行く」と独断で決めてしまうかもしれません。営業統括に指示されるのも面白くないでしょう。

このケースの場合、社長は面白がって、さっそく営業統括をつくって社員を任命しました。社長と営業統括の間で合意ができているので、担当者は迷うことなく、どんどん売り上げを上げているようです。

その会社はまだ社員の数が足りないので、まだ社長も営業しなくてはならないのですが、もうしばらくしたら、完全に営業から手を引けるでしょう。

そこから新たな仕事に取り組めば、1億円の壁はすぐに突破できます。

最終的には、営業統括が頑張って仕事を取りすぎて、商品の製作が間に合わないという事態にならないようにするために、製作面を統括する立場の人をつくるのが目標です。そうすれば社長はすべての仕事をその2人に委任できるので、社長がいなくても仕事が回るようになります。

この例のように、**その役割が何をどこまでできるのかを定義づけてから委任すると**、うまくいきます。

エンパワーメントがうまくいかないのは、任せる相手の能力不足や意識が低いのではなく、委任の仕方が悪いだけです。くれぐれも任せた社員を責めないようにしましょう。

任せる相手の見極め方

うまく任せてエンパワーメントを成功させるには、**どの仕事を誰に任せるのかを見極めるのがカギ**です。見極め方は、実は特別なルールがあるわけではありません。私は次のような点を判断基準にしています。

・その仕事ができるか、あるいは習得できるか
・その仕事に合う性格なのか
・その仕事をすることで能力がアップするか
・その仕事に対して意欲があるか
・仕事を通しての成長を望んでいるか

長年、一緒に働いている社員なら、だいたい誰に何を委任すればいいのかはわかるのではないでしょうか。

人の上に立つのが苦手な社員ならリーダー的な仕事は任せないほうがいいですし、グループワークが苦手な人もリーダーには向かないかもしれません。

仕事の種類についても、話すのが苦手な社員に広報や顧客の相談窓口的な仕事を任せても負担になるだけですし、すぐれた発想力を持っている社員にルーティンワークをさせたらチャンスの芽をつぶすだけです。

たとえば、内向的な人に営業を任せたら、なかなか成果を上げられないでしょう。それでも営業をムリに続けさせたら、本人はストレスを抱えるのは言うまでもありません。

それを「頑張り方が足りない」「君はもっとできるはずだ」と精神論で説得しようとしたり、「今月中にノルマを達成できたら10万円のボーナスをあげるよ」と報酬で釣ってやらせようとしたら、その社員を完全につぶしてしまいます。

これは任された側の能力の問題ではなく、任せる相手を見極められていない、任せる側の能力の問題です。

つまり、**任せられない人というより、任せる仕事を間違っているから相手は能力を発揮できない**というのが正しいでしょう。

その社員に合った仕事を見極めて委任できれば、たいていの人は成長できます。

ガーデニングでは、植物はそれに合った土と日当たり、水を与えないと育ちません。そして、成長に合わせて植木鉢の大きさも変えていけば、大きく成長します。

人もそれと同じで、その人に合った仕事や環境があるのです。

大事なのは、自分の好き嫌いの感情で判断しないこと。

中小企業にありがちなのは、イエスマンを社長のまわりにそろえて、それ以外の社員は冷遇するという構図です。今の時代に、一部の社員に恨みを買うようなやり方をするのが賢明だとは思えません。

会社を1億円企業にしたいなら、なおさら**個人的な感情を排して、その人に合った仕事を委任すべき**です。

自分で社員の適性を見極める自信がないのなら、そういうツールを使うのも有効な手段です。

一般的に、コーチングではコントローラー、プロモーター、サポーター、アナライザーの４タイプに分けていますし、「エニアグラム」のように人間の性格を９つに分けているツールもあります。

なお、アクションコーチではＤＩＳＣによる診断をお勧めしています。

そういったツールを盲目的に信じるのはお勧めしませんが、判断基準の参考にするために使ってみてはいかがでしょうか。

外注でも任せきる

仕事が増えて人手が足りなくなったら、社員を雇って増やすのが従来の常套手段でした。

しかし、社員を雇ったらその分固定費がかかります。人件費を固定費から変動費に変えると利益を増やせるので、真剣に考えるべき課題です。

その解決策の一つが外注です。今はありとあらゆるサービスを提供している会社があります。外注するなら社員を一から育てなくてもいいので、コストも時間も抑えられます。

ただし、信頼できる外注先を見つけないと、大きな損になるので要注意です。

私は**外部に業務を任せる際もエンパワーメント**しています。

SEO対策（検索サイトで上位に表示されるための対策）の事業では、営業は自社の社員がするのではなく、外部の営業の代理店に任せています。仕組化の一環でそうしているのですが、詳しくは第3章でお話しします。

営業の委任先を見つけるためには、たくさんの会社に声をかけて、本気度の高い会社を残しました。30社くらいに声をかけて、今は7、8社に託しています。

一社に限定していないのは、どの代行会社もメディア・ビーの案件だけに集中できないので、複数の会社にお願いしたほうが効率よくクライアントを集められるからです。成功報酬なので、複数の会社に依頼していても多大なコストになるわけでもありません。

本気度の高い会社であるかは、実際にアポを取って来るかどうかで判断しました。口ではうまいことを言っていてもアポを取って来ない会社のほうが圧倒的に多かったことからも、実際に依頼してみないとわからないと思います。アポを取れるのは、メディア・ビーの案件に本気で取り組んでくれている証拠ですし、実力のある会社なのだとわかります。

ほかに、知人の会社ですでに利用して評判がいいなら、紹介してもらうのがもっとも失敗しない方法です。ネットの口コミは参考にしたとしても信用できないので、やはりお試しとして数社を利用してみるのが手っ取り早いでしょう。

ただし、最初はこちらが求めている見込み客と、営業代理店が見つけて来る客とにズレが生じます。

たとえば、ＳＥＯ対策が必要なのはＷＥＢ集客している会社ですが、商圏のエリアが狭い、一般消費者向けのお店、地元密着型の飲食店やクリーニング店、コンビニなどはＷｅｂ集客には向いていません。そういう店はホームページを持っていても地元の人向けだったりするので、検索サイトで上位に表示されるメリットがあまりありません。

営業代理店がそういう店に営業をかけてアポを取ったとしても、「うちの考えている見込み客とは違います」と伝えます。ただ、最初はズレがあっても構わないと代理店に伝えています。何度もやりとりを重ねていくうちに、こちらが求めている見込み客がどういう客層なのかはわかるでしょうから、最初から完璧にはできないのは想定内です。

メディア・ビーが求めている見込み客は、客単価が高いビジネス。客単価が高いと、商圏が狭くても売り上げが大きいので、有望な見込み客です。

一例として、エステはお試しで数千円で最初はサービスしても、何回か通って施術を受けると最終的には何十万円もかかります。そういう業種は、集客数は少なくても売り上げが上がるので、Ｗｅｂ集客に向いています。

メディア・ビーがどのような顧客が欲しいのかは、それこそ社員でないとなかなかわからないので、最初に細かく条件を伝えて、それでもしばらくはズレが生じても仕方がないと思っていました。しかし、すぐにこちらが望んでいる見込み客を探して来られるようになった代理店には、本気度を感じました。

さらに、**営業代理店には価格交渉の権限を持たせています。**

上限と下限の金額を伝えて、「この範囲内ならそちらで金額を決めてしまってください」と委任しています。その範囲内なら通常料金を値下げしても、プラスアルファをつけても構わないというスタンスです。

そこを決めて委任しないと、見込み客を見つけても料金の話をするたびに、こちらに確認しなければならなくなります。

「料金は相談してからご連絡します」と保留にしたら、その間に別の企業と契約を交わす可能性もあります。ビジネスチャンスを逃さないためには、現場で即断即決するしかないので、決められた範囲内なら金額を自由に決めてもいいと代理店に委任しました。

代理店も上限で契約が決まると成功報酬が増えるので、張り切って営業してくれますし、簡単に値下げには応じません。

今のところ、代理店を使っての営業はうまく機能しています。それは、エンパワーメントをする部分としない部分を明確に決めて委任したから、混乱なく導入できたのです。

報連相はなくても組織は回る

日本の企業は報連相が好きで、報連相は仕事の基本だと新入社員に言い聞かせている会社も多いでしょう。

報連相を重視している中小会社は、1億円の壁を越えるには時間がかかるでしょう。なぜなら、**報連相は相手に責任と権限を与えないためにする行為**だからです。

社長や上司が仕事の進捗状況を知り、仕事がスムーズに進んでいるか、トラブルが起きていないか、アドバイスすべきことはないかを管理するためにするのが報連相です。つまり、社長や上司が責任と権限を握っているから、部下に自由に判断させて勝手に行動させないために報連相を求めているのです。

入社したばかりの新入社員に報連相を求めるのなら、わかります。しかし、入社して何年も経った社員にも報連相をさせて、全体の状況をつかもうとしていませんか？

これだと、部下は上司の判断を仰がないと何もできなくなります。上司も、毎日部下の報連相を聞かなければならないのなら、時間を取られるでしょう。実は上司と部下、双方にとって弊害を生んでいる気がします。

私自身は**ＫＰＩさえあれば、報連相は必要ない**とすら考えています。

ＫＰＩはKey Performance Indicator（重要業績評価指標）の略で、大企業では導入しているところも多いようです。要は、**目標となる数値を決めて、それを達成できているかどうかを評価すること**を意味します。

まず、会社全体、または部門ごとに目標の数値を決めます。

たとえば営業だったら、1カ月で300万円の売り上げを上げるのが営業担当者のミッションだとすると、訪問回数が何回だったのか、成約率が何％だったのか、客単価が何万円だったのかを月の終わりに計算して、どれくらい達成できたのかを確認します。

300万円を達成できていたら、もちろんOK。

達成できていなかったら、訪問回数が足りなかったのか、訪問回数は十分なのに成約率が上がっていないのか、客単価が低いのかなども、数値化してあれば一目瞭然です。

担当者もどこが足りなかったのかがわかるので、翌月はそこを補えるようにすればいいだけです。

これをしないで、ノルマを達成しないと「気合が足りない」などと精神論で責め立てても、社員は絶対に成長できません。数値化すれば、何をどう改善すればいいのかがわかるので、社長にとっても社員にとってもストレスがなくなります。

私は月に一回幹部社員とのミーティングを開いて、KPIの数値を確認して、これからの仕事の進め方を話し合います。それ以外の社員については幹部社員に任せているので、数値もチェックしていません。

頻繁に報連相をしなくても、それくらいで十分会社は回ります。

とくに、会社の規模が大きくなり、ほかの企業を買うようになったら、すべての社員の報連相などやっていられません。

そのうえ、数値だと個人的な感情が入りこむ隙がなくなります。

社長も人間なので、気に入らない社員に対してつい厳しく当たったりするでしょう。それも、ＫＰＩを設定してあれば、目標を達成できていたら評価するしかありませんし、達成できていなかったら、「ここを来月頑張って」と指示すれば済みます。

何カ月も目標を達成できなかったら、目標が高すぎるのか、仕事の進め方に問題があるので、それを探して改善すればいいでしょう。

「なんで、あいつは何度言っても仕事ができないんだ」とイライラするより、よほど効率的で精神的にも楽です。

エンパワーメントを円滑にするためにも、ＫＰＩのような数値化は必要です。

社長の負担を軽くするために、ぜひ試してみてください。

エンパワーメントすると社員が自分の頭で考えるようになる

仕組化をすると、社員が自分の頭で考えなくなると懸念している方もいるのではないでしょうか。実際は、まったく逆です。

私の考えている仕組化は、一から十までガチガチに手順を決めるのではなく、相手の考える余地、権限を与えます。そうすれば社員は逆に自分の頭で考えて行動するようになります。

最初に、あなたのミッションはこれで、あなたにはこういう権限があり、ここまでやっていいと、ちゃんと定義します。それを定義した上で委任したら、その中で自主性が生まれてくるので、どんどん自分で考え始めます。

普通は、社長や上司に「これ、やっとけ」と言われたら、「どうやったらいいんですか」と聞かれて教えます。それを毎回聞かれて教える側も面倒なので、「自分で考えろ」と突き放すのはありがちなパターンです。

なぜ、部下は毎回確認するのか。

それは、上司に聞かないと危険だからです。間違った方法でやったら上司に怒られるかもしれないので、上司の判断を仰ぐわけです。

そこで、「あなたはここまで決めて行動していい」と判断基準を伝えると、自分で考えて「今回はこっちでやってみよう」と考え始めます。

その結果、依頼した仕事で120％の成果を出せたりします。成果を出したら、「よくできたね」と承認すれば、次からも自分で考えて行動するでしょう。

たとえば、営業の担当者から、「明日、A社に営業に行くんですけど、この資料でいいですか」と相談されたらどう思いますか。マメに相談してもらえて安心できますか？

しかし、それは社員が自分の頭で考えられない状況になっています。

数字は社長が判断しないといけないと思っているのなら、権限と責任を与えたくないということなので、社員は今以上には成長できません。会社の備品一つを買うにしても社長の決済が必要な状況なら、社長が社員の足かせになっているようなものです。

やはり、**権限と責任を与えないと、社員は自分の頭で考えるようにはなりません。**

それは私自身が実感しています。

私も以前は社員から逐一報告を受け、指示を出していましたが、今はほとんど社員から連絡がこない状況になっています。久しぶりに連絡が来ても、「会社の印鑑を持って行きましたか?」という問い合わせだったりします。

週に一回会社に行くときも、社員が「これの確認をお願いします」「この案件で相談したいのですが」と詰めかけることもありません。

取引先との契約時の見積もりも、私は一切見ません。

それはKPIで粗利益(売り上げから売り上げの原価や製造原価を引いた後に

残る利益）を設定しているからです。

部門ごとに売り上げに対しての粗利益がいくらになるのか設定してあるので、その粗利を確保できるのなら問題なし、としています。その粗利に該当しないのなら、その案件は受けない。それだけです。

多くの会社では、見積もりをつくるときに「この会社の社長は渋いから、これくらい値引きしたほうがいいんじゃないか」と社長が判断していたりします。それだと顧客ごとにオーダーメードで見積もりを考えないといけないので、営業の担当レベルでは判断しづらくなります。

エンパワーメントをできないので、「5から10%値引きするのは、社員の判断としてやっていいけれども、基本的には最低限、これくらいの粗利益は確保してください」と決めておくと、現場で判断できます。

そこまで決めておいたら社長が確認する必要はないので、社員も見積もりを持ってこないのです。

トラブルをデータベース化する

メディア・ビーでは、トラブルが起きてもたいていは現場で解決できます。そういう仕組をつくっているからです。

当社では、**過去にあったトラブルをデータベース化**しています。さらに、次に同じトラブルが起きたときの対処法も決めてあります。

だいたい、起こるトラブルは同じです。うちの会社の場合、1年契約をしたのにもかかわらず、半年で解約したいと取引先から申し出て来るケースがたまに起きます。

それは、その部署のトップが判断することにしました。

半年で契約を切られると、売り上げが減るので、その部署の粗利益はマイナスになります。そこで、取引先と交渉して元の契約通り1年間契約を続けてもらうのか、それか違約金をもらって契約を打ち切るかは、部署のトップが判断してもいいと決めました。

そうすると、トップも私に相談しなくても対応できます。

社員が取引先ともめても、各部署のトップが対応するようにしているので、私のところには連絡は来ません。後はトップや社員が話し合って決めればいいことです。

また、私は入金確認すらしていません。

月初になると、入金されていない取引先に対しては、経理が連絡しています。振り込みが1カ月以上遅れていて、取引先と連絡がつかないくらいのトラブルになった場合は、さすがに私が動かないといけませんが、振り込みをただ単に忘れていたという話だったら、経理が連絡したらすぐ振り込むでしょう。

だから、取引先すべての入金を確認する必要がないのです。私がしているのは、全体の売り上げをチェックするくらいです。

権限と責任の範囲を決めて、後はそれぞれが判断して行動できるようにすれば、社員は自分の頭で考えて動けます。

最初に仕組づくりやどこまで委任するかを決めるのは大変かもしれませんが、そこさえ乗り越えれば、後は社員だけで仕事を回せるようになります。

社員も会社も発展して1億円企業になるには、**「仕組＋エンパワーメント」**は不可欠です。

第3章

小さな会社で
売り上げ1億円を超える
長島メソッド

どんな業務でも仕組化できる長島メソッド

私は、基本的にどんな業務でも仕組化できると考えています。

この章では、今まで自社や私がコンサルティング（コーチング）をしているクライアントの会社で導入した仕組の実例をご紹介します。

一言で「仕組」と言っても、さまざまな方法があります。

接客用のマニュアルをつくって全員で共有するのも仕組ですし、ＩＴや機械などのツールを使って作業の効率化を図るのも、組織を利益を生み出す構造に変えるのも仕組になります。

医師は患者の症状に合わせて処方箋を考えますが、社長も事業や社内の症状に合わせてどんな仕組を取り入れればいいのかを考えなくてはなりません。

おそらく、**百の会社があれば、百通りの仕組のつくり方があります。**

たとえば、一般的に、仕組化できないと考えられているSEのような技術職で**も仕組化できます**。

私もプログラマーなのでわかりますが、プログラマーにはその人の固有の能力はそれほど必要なく、プログラムが組めればいいだけです。

業務の流れは、システム設計から入って、コーディング（プログラムを書くこと）をして、テストして、納品する、という一連の流れは毎回一緒です。誰もがこの流れに沿って作業を進めて、それをチェックする体制さえ整えれば、楽々仕組化できます。

さらに、プログラマーの育成からも仕組化できます。

プログラムを書けない人でも3カ月くらい研修を受ければ、おそらく誰でも最低限のスキルを身につけられます。その研修が終わったら、最低限のことは1人でできるようになるでしょう。私も社会人になって入社したIT企業では、3カ月間プログラムの組み方などの研修を受けた後、すぐに現場に出ました。

営業も仕組化に向いていないと言われていますが、1億円企業を目指すなら、

営業こそ仕組化したほうがいい業務です。

社長がトップ営業をしている会社なら、なおさら営業を仕組化して、社長がいなくても業務が回るようにしないと売り上げは頭打ちになります。

「オレ以上に稼げる営業マンはいない」と思うのなら、社長が営業でしている一つひとつの作業を、社員ができるように仕組化していきます。

たとえば、トークスクリプト（台本）をつくる方法があります。

台本と言っても、紙ではなく、動画でＯＫ。社長がテレアポから顧客のところに出向いて売り込み、クロージングするまでを再現して、動画に撮ってみんなで共有します。名刺の受け渡しや部屋に入ってから出るまでのマナーも、動画で学べるようにすると、さらに効果的です。

動画でトークや立ち居振る舞いを覚えて顧客相手に実演すれば、営業部に配属されたばかりの新人でも、一定のレベルで営業できるはずです。

最初の数回は先輩が同行して見守ってあげたほうが安心できますが、問題ない

とわかったら、すぐに独り立ちさせてもいいでしょう。

実際には、顧客との微妙な駆け引きや、顧客の性格に合わせて説得する場面なども出てくるので、すべてをトークスクリプトで再現するのは難しいかもしれません。

それでも、基礎が身についたら応用できるようになるので、トークスクリプトで早く基礎を覚えさせるのが効率的な方法です。

ただ、売り込みだけでは社長と同レベルに営業できるようにはなりません。社長と同じくらいの責任と権限を与えないと、社員には足かせがついたままです。交渉のたびに、「この条件で決めてもいいですか？」と社長に確認を取る必要があります。

委任は仕事をお願いするだけではなくて、権限ごと与えて、初めて委任することになります。

だから、社員が顧客から「この値段だとうちでは厳しいですね」と言われたときに、「では、10％値下げするのはどうですか？」とその場で交渉できるような権限を与えないと、委任したとは言えないのです。

とはいえ、値下げは最終手段です。値下げすると粗利益が減るので、気をつけないと売り上げは伸びても損することもあります。目先の数字だけで判断しないよう、社員に教えておくことが大前提です。

事業の自走化が最終ゴール

仕組化の目指すゴールは、「事業の自走化」です。

社長がいなくても社員だけで仕事を回せるようになった状況を、アクションコーチでは「自走化」といいます。

仕組化するにあたって、次のような点を参考にしてみてください。

・必要のない業務、ムダな作業はないか
・外注やITで代行できる業務はないか
・もっともコストがかかる作業は何か。それを省略できないか
・自社でメインにできる強い業務は何か
・必要最小限の人数で仕事を回せるようにできるか

・誰でもできるような業務にすることはできないか

とにかく、**「属人化させない」**という視点で考えれば、ほとんどの業務は仕組化できるはずです。

数人の優秀な社員だけで仕事を回していたら、その社員が抜けたときにたちまち業務は滞ります。そういう事態を防ぐためにも、仕組化していくしかないのです。

そして、任せたからには、社員の決定を社長が覆してはいけません。

「10％も値引きするなんて、冗談じゃない。せいぜい5％だ」と社員の決断を否定したら、それは権限を与えていることにはなりません。

そういう状況にならないためには、価格の上限と下限を決めて、その範囲内ならどんな価格に決まっても大丈夫、という基準を決めておきます。

その商品の原価はいくらで、営業経費などを含めてどれくらい値下げしたら利益がマイナスになるのかをすべて割り出しておけば、権限を与えられる価格の範囲は定まるでしょう。

つまり、それまでは**社長の頭の中だけで決めていたことを社員とも共有するようにするのが、仕組化**です。

そこの権限を手放せれば、社員は自分で判断して動けるので、グングン成長していきます。

事業を自走化できるようになれば、最短距離で1億円企業に到達できます。その効果のほどを、皆さんにもぜひ体験していただきたいと思います。

実例①　必要のない業務をなくす

これは私共メディア・ビーのSEO対策事業部の仕組化の例です。

SEO対策事業では、企業に営業して注文を取って来なくてはなりません。そのために、営業部は必須です。

しかし、私は本当に自社で営業しなくてはならないのだろうかと考えました。

それまでは営業担当者を5人ほど雇ってテレアポからクロージングをしてもらっていました。しかし、なかなかアポを取れないので社員のモチベーションを保つのが難しく、売り上げが安定しないのも悩みのタネでした。もともと当社は営業会社ではないので、ムリに営業チームをつくったところで簡単にアポを取れないのでしょう。

そこで、**営業をしないで済む方法はないだろうかと考えたとき、プロの営業代**

理店に頼めばいいと思いつきました。

・それまで社内で行っていた営業をすべて外部の営業代理店に任せる
・社員はSEO対策に集中する

この2つを実行するだけなので、とてもシンプルな仕組です。
これを実現させるために、次のような仕組にしました。

1、営業担当者にエンジニアになってもらう

仕組化して必要のなくなった部署の社員も安易に切り捨てず、別の部署で活躍してもらいました。

日本は法的に社員を簡単には解雇できません。そのうえ、簡単にクビを切ったらほかの社員の士気が下がり、社内の雰囲気は最悪になるでしょう。また、新しくエンジニアを雇い直すのには採用コストも探す時間もかかります。それなら今いる社員に知識や技術を身につけてもらって、新しい部署で活躍してもらうほうが効率的だと私は考えました。

とはいえ、それまで営業しかしてこなかったのに、いきなりSEO対策の

技術者になれというのは、いわゆる「ムチャぶり」でもあります。

外注して営業部をなくすと決めたとき、営業部の社員は当然戸惑っていました。一部の社員は転職していきましたが、それでも3人は営業ではなく技術職として残ることを選んでくれました。

デザイナーに関しては個人のセンスなども関係するため育てるのに年単位の時間がかかります。SEO対策ではエンジニアがすることは決まっているので、ITの知識ゼロの人でもスキル習得には時間がかからないのです。

そこで、前項でお話ししたように3カ月くらい研修を受けてもらうことにしました。3人とも会社で研修を受けさせてくれるのならと乗り気になり、見事にエンジニアになりました。

それも5、6年前の話なので、今や全員技術職として一流です。テレアポしていた頃の自分をもう忘れてしまっているかもしれません。

2、属人化させない

現在、SEO対策については3人で顧客を分け合って担当していますまず、受注があったら、クライアントに担当を付けます。その担当はクライアントからヒアリングをして、どのような対策をするかを考えて、対策を行います。ここまでがすべての作業で、これをクライアントごとに1人ずつ担当するようにしました。

これなら3人がすべてのポジションをこなせるので、万が一、1人が退職しても混乱は起きません。クライアントからヒアリングするのはAさん、SEO対策するのはBさんという具合に分業にすると、1人抜けたら全体に影響を及ぼします。

今は新しい社員が1人入って来ても、ほかの2人が仕事を回しながら新人を育てられるくらいの余裕が生まれました。

3、営業のクロージングはエンジニアも同席する

営業代理店は基本的にSEO対策の知識がないので、注文を取る際に相手からいろいろなリクエストや質問をされても、どこまで対応できるのかがわかりません。そこで、契約を結ぶクロージングのときはエンジニアも同席す

ることにしました。

ＳＥＯ対策はノウハウが難しいので、契約直前には専門的で非常に細かい質問や、センシティブな質問がたくさんクライアントから投げかけられます。営業の担当者には答えられない質問だらけです。

そこだけは代理店に任せきりにするのではなく、エンジニアも同席してその場で回答できる仕組にしました。すべて答えられるとクライアントも安心するので、無事に契約にこぎつける確率が高まります。

この場面になってから、「持ち帰って社長に確認してみます」とすぐに回答を出せないと、もし他社から売り込みがあったら、そちらになるかもしれません。ビジネスチャンスを逃さないためにもこれは大事な仕組です。

代理店にしても、共同で契約を勝ち取るのであれば、丸投げされているわけではないのでこちらに対して信頼感を抱くでしょう。代理店には、「見込み客のアポが取れれば自分たちが一緒にクロージングするから、安心して取ってきてください」と言っています。

前述したように、代理店には金額の上限と下限を決めて交渉できる権限を与えていますが、エンジニアたちにもその権限を与えています。

もし、クライアントが値引きを望んでいるなら、代理店とエンジニアとで話し合って決めればいいということです。エンジニアが値引きをしてもどうしても請けたい案件なら料金を下げてもいいでしょうし、そこまでしたくないなら、代理店に強気に交渉してもらってもいいかもしれません。

4、利益を増やすようなインセンティブを与える

料金の交渉の権限を与えるとき、気をつけたいのは「安くしてたくさん売ればいい」と、安易な方法に頼らないようにさせることです。

値下げをすると売り上げは上がっても利益は減り、値上げをしたら売り上げは減っても利益は増えます。「安くしてたくさん売ったほうが売り上がる」と考えるより、「数は少なくても値上げをすれば利益が増える」と判断できるようにする仕組が必要です。

そこで、部門の利益が上がると社員の賞与が増える仕組を整えました。

これなら、いたずらに契約件数を増やすのではなく、一つひとつのクライ

アントで単価を上げようと考えるようになります。

新規の顧客を次から次へと獲得するのは大変ですし、エンジニアは件数が増えると、その分仕事も増えます。仕事が増えたら一つひとつの案件に時間をかけられずに雑な対応になるかもしれません。

値下げして大量に売るのは悪循環しか生み出さないので、料金が高くてもクライアントを獲得できるようにするのが、小さな会社での勝ちパターンだと言えます。

これらの仕組を導入してから、嬉しいことに契約件数も増えましたが、それ以上に客単価がアップしたのが大きな成果です。

代理店は営業のプロとしてそう簡単には値引きさせません。メディア・ビーの技術のプロもクライアントを120％満足させられるだけのSEO対策のノウハウを持っているので、「だからうちではこの料金です」と堂々と主張できます。

このタッグが功を奏して、客単価は2倍になり、売り上げも倍増しました。

もちろん、外注費もかかるので手取りが2倍になったわけではありませんが、それでも利益は圧倒的に増えました。

さらに、社内では劇的に離職率が下がりました。

営業を外注した結果、先の見えない営業をする必要はなくなり、営業とエンジニアの仕事を完全に切り分けられたので、仕事も減りました。残業しなくて済むようになり、社員の仕事環境は見違えるようによくなったのです。

仕組化に成功したら、社長だけではなく、社員の働き方もいい方向に変えられます。その結果、社員も長く働き続けたいと思うので、優秀な人材がずっと残ってくれることになります。

このように、一石二鳥どころか三鳥も四鳥も得られるような仕組をつくることができれば、会社は上昇気流に乗れるでしょう。

何より、私の業務が減り、会社に出て行かなくても社員で業務を回せるようになったので、事業の自走化も実現しました。

自走化できると、社長が並走していなくても会社は成長していきます。それがどんなに楽なのか、私はこの事業の自走化によって実感しました。

実例②　「面倒なやりとり」を捨てる

これは私のクライアントであるA社の実例です。

A社は企業向けのWEB企画や制作、WEBビジネスのコンサルティングなどを手掛けている会社です。社員数は20人くらいで、大手企業の案件も多く引き受けています。

A社の社長は以前の私と同じようにWEB制作や営業を社長業と並行して行い、365日休みなく働いていて疲弊しきっていました。

実務を仕組化するように勧めても、「いやあ、昔からの取引先との信頼関係があるから、若手の社員だけに任せるわけにはいかなくて」と渋ります。

そこで、私は「だったらいっそ、**下請けに特化**したらどうですか？」と提案しました。

１、一番コストがかかる作業は何かを考える

当社もＷＥＢ制作をしているからわかりますが、一番コストがかかるのはコミュニケーションコストです。

全体の工数を１００だとすると、コミュニケーションコストで40％はかかっているというのが、私の肌感覚です。

まず、取引先から注文を受けたら、営業が行って先方の希望をざっくりとヒアリングします。それから見積もりをつくって、その金額でＯＫが出たら、今度はディレクターが先方と打ち合わせをして、デザインや構成を詰めていきます。

その案でＯＫが出たら、デザイナーに指示して、デザインのラフをつくります。

それができて取引先の所に行って、「こんな感じでどうでしょうか」と見せると、「何か違うなあ。こんな感じじゃなくて、同業の会社のこのデザインみたいにしてほしいんだよね」などと、「最初から言ってくださいよ」と言いたくなるような意見が出てきます。

それでデザインをつくり直して再度持って行くと、「ここまで同じじゃ困るんだよね。ライバル会社だから、ちょっと変えてもらわなきゃ」と言われることもあります。

そのようなやりとりが延々と続き、けれどもデザイン料をその都度請求するのも難しく、結局、料金に見合わない働きをすることになるのはよくあるパターンです。

最初の話し合いの段階でもっと詳細を詰めればいいのでしょうが、取引先はデザインの素人なので、それほど具体的な指示を出せません。したがって、どうしてもコミュニケーションコストがかかります。

2、面倒なやりとりを捨てる

このコストを減らすための手段が、下請けに特化するという戦略です。

取引先と直接やりとりをして請け負うのではなく、ほかのＩＴ企業がとってきた案件を引き受けるという方法です。その方法なら、発注主とのやりとりはすべて元請けの営業やディレクターがやってくれます。Ａ社はデザインも構成も決められた制作をすればいいだけ。面倒なコミュニケーションを一切しなくて済みます。

この案を提案したとき、A社の社長は戸惑っていました。

下請けの仕事は一から取引先とやりとりしながら新しいものをつくりあげていくクリエイティブな仕事ではないので、そこに醍醐味を感じている人にはなかなか受け入れられないでしょう。しかし、社長が業務を抱えすぎて作業が遅れ気味になっていたので、今までのやりとりを変えるしかありません。

そこで、少しずつ下請けの仕事を増やすことにしました。

中堅のＩＴ企業に、「御社で手が回らない案件はこちらで引き受けますよ」と提案すると、喜んで仕事を回してもらえました。発注先とのやりとりはそのＩＴ企業がすべてやってくれるので、Ａ社には決定事項だけが伝えられます。制作していて疑問点が出てきたら、元請けの担当者が代わりに確認してくれます。

実際にその方法でやってみると、発注先とのコミュニケーションが一切なくなり、その分時間に余裕が生まれますし、ストレスもゼロになるので、社員にも好評でした。

下請けを始めたばかりの頃は、元請けとのコミュニケーションが必要なので、それなりに時間はかかります。けれども、何度も一緒に仕事をするうちに、お互いに相手が何を望んでいるのかがわかるようになり、**意思の疎通がスムーズになります。**

元請けにしても、案件ごとに引き受けてくれるところを探して一から説明するよりも、気心の知れた相手に「またいつものような感じでお願い」と仕事を振るほうが楽です。

今では、A社は元請けの企業の一部になっているくらいに内部に入り込んでいるので、元請けにとってなくてはならない存在になっているようです。

1つの案件にかける時間を大幅に減らせた分、年間の対応件数を増やせました。元請けと交渉して単価も上げてもらい、その結果、売り上げも上がるという好循環が生まれたのです。

社員の給料も上げられたし、社員は定時で上がれるようになったので、社内の雰囲気が本当によくなったと、社長は喜んでいました。
現段階では、8割は下請けの仕事で、ゆくゆくは完全に下請けに特化したいと社長は語っていました。

何より、社長が営業して仕事を取って来る必要はなくなり、元請けとのやりとりも制作も社員に任せられるようになったので、社長の仕事が激減したのも大きな効果です。

時間ができて、社長は新事業の構想を練り始めました。A社はこれからも加速度的に成長していくでしょう。

実例③　営業の仕組をつくる

メディア・ビーはWEB制作とSEO対策の2本柱でやってきました。

元々自社で持っていたノウハウで2つの事業を中心にやってきたのですが、会社を大きくするにはさらに事業を増やす必要があります。

しかし、自社には新規事業をできるようなノウハウがもうありません。新規事業を立ち上げるには、自分たちで一から学ぶか、**その事業の分野に詳しい人材をヘッドハンティングなどで引き抜いて来るか、新規事業を買うか**のどれかになります。

どうしようかと思っていたときに、ネットショップ向けのWebサイトをつくるEANO CREATIONという会社の存在を知りました。その会社は過去に楽天新人賞を取るなど、技術面で高く評価されていた時期もありましたが、同業他社との競争で伸び悩んでいました。

ＥＣサイトの制作事業ならメディア・ビーの既存事業との親和性も高いので、**M&A**を持ちかけて、無事に成立しました。

しかし、買った直後に社員が数名辞めてしまい、ＥＣサイトの制作事業はいきなり暗礁に乗り上げてしまったのです。

「買ったのは失敗したかな」と後悔しかけたのですが、売り上げを確認すると、実は売り上げの４割がＥＣサイト向けの撮影サービスであると気づきました。

ネットショップで販売する商品の写真やモデルさんを使ってのイメージ画像は、やはりプロのカメラマンに撮ってもらったほうがクオリティは高くなります。そこに需要があると知り、「これをメインビジネスにすればいいんじゃないか」とひらめきました。

そこで、ＥＣ事業を切って、撮影事業に特化することにしました。

利益率の低いビジネスを捨てて、利益率の高いビジネスに特化する。これも仕組の一つです。

そのうえで、次のような仕組をつくっていきました。

1、WEBで集客する

これは営業の仕組化の一つです。

撮影事業は利用者が会社の場合もあれば、ブログやSNSのプロフィール写真をプロに撮影してもらいたいという個人向けのニーズもあるので、幅広い層が見込み客になるのが特徴です。

撮影が必要そうな相手を見つけて営業をかけるとなると、営業マンが何人いても足りないでしょう。しかも案件ごとの単価が安いのです。そこで、自動的に集客するようにするために、WEBで集客する仕組を整えました。これも営業の仕組化の一つです。

会社のホームページの申し込みフォームから問い合わせられるようにして、どのような撮影をしたいのかを先方に聞いて、見積もりを送ります。その金額で合うのなら発注してきますし、合わなかったら話は流れます。

だいたい月100件の問い合わせがあるので、そのうち30件の注文があれば撮影事業は採算が取れます。

ＷＥＢだけで集客すると新規の営業をしなくて済みます。たとえ条件が合わなくても「この料金ではいかがですか」と一件ずつやりとりしていたら時間もコストもかかるので、そこはしなくていいと決めました。

この仕組を整えた結果、社員１人だけで撮影以外の実務を回せるようになりました。ワンオペにいいイメージはありませんが、社員が楽にできる仕組を整えたうえでのワンオペなら、かえって１人で担当したほうが身軽に動けます。

２、リピーターを増やす

これも営業の仕組化の方法の一つです。

単発の仕事を１回受注して終わりでは、いくら営業してもキリがありません。安定した収益を上げるためには、やはり定期的な仕事を請け負うような仕組をつくるのが最善策です。

「うちの会社は定期的な受注をとれるような業務がない」と思うかもしれま

せんが、たいていの業務は定期的な仕組をつくるのは可能です。

自動的に仕事が来る仕組をつくるには、月額定額制にするとか、代理店を使って営業するとか、下請けになるといった仕組もありますが、単発の仕事でも年に何回か依頼が来るのであれば、定期的な仕事だと言えるでしょう。たとえば、イベント設営の仕事は単発の仕事のように思えますが、毎年同じイベントで依頼してもらえるのなら定期的な仕事だと言えます。違うイベントであっても、同じ依頼主からずっと注文があるなら定期的な仕事です。

そのように、同じ取引先と継続して仕事をするような体制を整えるのが、営業の仕組化です。それができれば社長が自ら出向いて顧客を開拓する必要はなくなります。

ＥＡＮＯ ＣＲＥＡＴＩＯＮの場合、毎月写真を撮る人はそれほど多くありません。しかし、「今回、写真が10枚必要なんで、10個の商品の写真を撮ってください」のように年に3回くらい撮る人は大勢います。毎回ＥＡＮＯ ＣＲＥＡＴＩＯＮを利用しているなら、定期的な仕事だと言えます。

アパレル業界なら、春夏秋冬それぞれのシーズンで新作を発表するので、商品の撮影が必要になります。毎月の契約ではないので一回ずつの単発ではあるものの、年4回リピートしてもらえれば定期的な仕事です。

定期的に依頼してもらうには、相手が忘れないようにする仕組を整えます。

EANO CREATIONでは1回取り引きのあった相手にはメルマガなどを定期的に送って、忘れないようなアプローチをしています。メルマガは王道の営業法ですが、毎回読んでもらえなくても、撮影が必要なときに「前回と同じEANO CREATIONでいいか」と思い出してもらう効果はあるので、それだけで十分役割を果たしています。

それを狙って過去の利用者に電話営業する会社もいまだにありますが、今の時代は電話営業は迷惑なので、それならDMを送るほうがまだ好意的に受け止めてもらえます。

このような仕組化のお陰で、EANO CREATIONは、現在は売り上げの7、8割はリピーターさんの案件です。

3、カメラマンのスキルも属人化させない

ＥＡＮＯ ＣＲＥＡＴＩＯＮはプロのカメラマンが所属しています。

今はスマホの撮影機能が向上しているので、誰でもレベルの高い写真を撮れます。しかし、たとえばアマゾンに出品するための商品の画像は、見た人に「これなら買いたい」と思ってもらわなければならないので、素人が撮影するのには限界があります。

プロなら背景に合わせてライティングを調整し、小道具も上手に使うので、やはり素人が撮るのとはレベルがまったく違います。料理の写真だったら、プロのほうが食欲をそそるような写真を撮れるでしょう。

ただし、ＥＡＮＯ ＣＲＥＡＴＩＯＮではクリエイティブな仕事はあえて引き受けないようにしています。

雑誌で有名モデルを撮影する場合は、カメラマンの腕が問われるのでクリエイティブな仕事に該当します。個人の力量に頼る仕事は、そのカメラマンが抜けたときに対応できなくなるので、仕組化できなくなります。それは有名カメラマンの事務所が請け負う領域の仕事です。

今はカメラマン１人だけで仕事を回しています。もし人数を増やすことになっても、現在所属しているカメラマンが転職することになったとしても、誰でも同じレベルで撮影できるようにするために、芸術性などを求められない、作業に近い案件のみ請け負うようにしています。

商品やイメージカットの撮影なら、撮影の基本なので、プロのカメラマンなら皆身につけています。今まで撮った画像を見せて、「こういうレベルを求めています」と言えば、スキルは共有できるでしょう。

プロのカメラマンとしては、せっかく学んできた技術を最大限活かせるようなクリエイティブな仕事をしたいでしょうから、ＥＡＮＯ ＣＲＥＡＴＩＯＮの仕事は物足りないかもしれません。

実際に、「もっとレベルの高い仕事がしたい」と言われたことがあります。そのときは、「あなたがレベルの高い仕事をできたとしても、あなたしかできなくなってしまったらうちはやっていけなくなるから、それはできない」と納得してもらいました。

向上心のあるカメラマンは若干、不満はあるかもしれませんが、決まったことを決まったとおりに撮ればいいので作業としては楽ですし、撮影スタジオに所属しているカメラマンとしてはそれなりに高い給料を払っているので、しばらくは今の仕事を続けてくれるようです。

このような仕組を整えて、ＥＡＮＯ ＣＲＥＡＴＩＯＮは現在、カメラマンとディレクターの２人だけで仕事を回しています。

ディレクターは元々ＥＣサイトの制作をやっていましたが、その事業を捨てたので、お客様から来た依頼の見積もりをつくったり、画像のデータを納品したり、スタジオのスケジュールの調整やモデルさんを手配するなど、撮影以外の業務をすべてこなしています。

もちろん、これは２人に委任しているから可能なのです。**責任と権限を与えているから、私がいなくても２人で事業を回せています**。

どうしても人手が足りないときだけ外注していますが、そんな方法でも、ここ３年くらいは売り上げが１・５倍から２倍くらいで推移しているのです。最小限の人数で最大限の利益を上げられる、有望なビジネスに育ちつつあります。

実例④　利益を上げられる事業に特化する

私のクライアントであるB社の社長は、顔を合わせるたびに「こんなに働いても、売り上げが上がらない」「うちにはなんで優秀な社員がいないんだろう」と、グチをこぼしてばかりいました。

B社は電気工事を専門にする会社です。社員は5人くらいで年商は数千万円の小さな会社ですが、もっと会社を大きくしたいと社長は考えていました。

電気工事は強電と弱電があり、LANケーブルや電話設備、インターホンなどの電圧が低い工事を弱電工事と言い、ブレーカーやプラグ、電灯などの電圧が高い工事を強電工事と言います。B社は弱電工事をメインにしていました。

弱電でLANケーブルや電話線の工事をする関係で、オフィス用のファックスやプリンターなどのOA機器も販売していました。

しかし、ＯＡ機器は高額で、オフィスによくあるファックスとプリンターの複合機は１００万円近くもします。高額なのでリースを組んで販売するなど、いろいろな手段を取っていますが、売り上げは芳しくありません。テレアポをして売る部隊と工事をする部隊とに分けて対応していましたが、売る部隊が頑張って契約を取らないと売り上げが安定しない状況です。

「工事を専門にしている会社なのに、そうまでしてＯＡ機器を売る必要はあるんだろうか？」

私は話を聞きながら疑問に感じました。しかも、今はネットでのやりとりが主流になっているので、大型のファックス複合機はすたれていくでしょう。

１、事業の取捨選択をする

私は、電気工事だけに特化して、ＯＡ機器の販売は捨てるようにアドバイスしました。ＥＡＮＯ ＣＲＥＡＴＩＯＮでＥＣサイトの制作をやめて、撮影事業に特化したのと同じ仕組づくりです。

そのアドバイスはすんなりと受け入れてもらえましたが、弱電工事だけでは利益率が低いのが悩みどころでした。

2つ目の提案として、「強電工事の事業も始めてみては」とアドバイスしてみました。

家を建てるときも、オフィスや店舗の内装工事をするときも、必ず電気工事は必要になります。しかし、電気工事は特殊なので、建築会社やリフォーム会社、内装工事の専門業者は基本的に扱えません。それなら、そういう会社に営業をかけて一緒に組めば収入は安定するのではないかと、私は考えました。

元々、弱電工事はOA機器の会社と組んで請け負っていたので、この提案も抵抗なく受け入れてもらいました。

私の狙いは当たり、強電工事の注文が増えて、売り上げが上がって利益が出るようになりました。

自社の得意分野に特化して、それ以外の業務をやめるというのは、誰でも思いつきそうな考えですが、一度始めた事業を廃止するのは、それほど簡単ではありません。その事業で働いていた社員はどうするのか、それまでかけたコストをムダにするのかと考えると、なかなか決断できないものです。

B社のように、代わりに稼ぎ頭になる事業を見つけられたら、スムーズに移行できるでしょう。

2、現場での判断権を与える

社長は、社員に現場での判断権を委任しました。

現場でトラブルが起きたらどうするか、想定外の工事が増えたらどうするのか。

これらは工事の現場ではよく起きるケースです。工数が増えたら料金を変える必要があるので、そこで交渉しなくてはなりません。

料金の上限と下限を決めておき、「この範囲なら現場で決めていい」と委任した結果、それまではいちいち社長に「どうすればいいんですか」と聞いていた社員が、指示を受けなくても動けるようになりました。

まだ、社長が自分で契約を取ってきた現場には出ていますが、社員に任せた現場にはいなくてもよくなりました。今後、営業の仕組化が進んだら、社長は現場に一切出向かなくてもよくなるでしょう。

今では社長もグチをこぼさなくなりました。

自分の仕事を減らすためにどんどん社員にエンパワーメントしていった結果、社員が自分の頭で考えるようになったのです。今は新しい社員が入ってきたら社員たちで教えるようになり、自走化が着々と進んでいる途中です。

実例⑤　ナンバー2に徹底して業務を委任する

これもクライアントの事例です。

チャンネル登録数3万人くらいのＹｏｕＴｕｂｅｒから、社員を雇ってビジネスを拡大したいという相談を受けました。

ＹｏｕＴｕｂｅだけでも食べていけるのですが、ずっと続けられるかはわかりません。そこで会社をつくって別のビジネスを始めたいと彼は考えていました。

彼が考えているビジネスの一つは、ほかの会社のＹｏｕＴｕｂｅのメイキングの手伝いをするＹｏｕＴｕｂｅのコンサルタント。もう一つはダイエットエステのサロンをつくって、機器の販売もするビジネスです。

どちらも仕組化すれば完全に委任できるので、さっそく事業を立ち上げて、社員を1人雇いました。その社員は20歳の女性です。

1、新規事業を丸ごと委任する

その女性に、まずはYouTubeのコンサルタントの事業を委任しました。徐々にですが、仕事の量を増やしていき、半年くらいで営業からYouTube撮影まで全部1人で回せるようになりました。ほとんど社会人経験のない若者にも関わらず、です。

顧客開拓の営業に関しては、まだクロージングのところだけ社長が手伝っているようですが、いずれは1人でできるようになるでしょう。

2、現場の指揮権も与える

彼女が優秀なのはよくわかったので、ナンバー2にしようと私と彼は考えました。

これだけの業務を1人でこなすのはさすがに大変なので、まずは社員を増やすことにしました。その際に、新しい社員への教育や業務の委任も彼女に任せることにしたのです。

彼女にとっては、年上の部下を持つことになります。他人を教育できるほど社会経験を積んでいないので、部下にどこまで自身の判断でやっていいか、責任と権限の与え方と、目的の伝え方や目標の立て方などを私が指導しました。

それに沿って実行したところ、部下との関係も損なうことなく、自分の抱えていた業務を委任できたようです。

ナンバー2の女性は、自分が社長から何を期待されているのか、どのような目的で委任されているのかをよく理解しているので、会社にとって何がベストなのかを常に判断しながら行動しています。

おそらく、彼女は元々優秀なうえに、仕事を委任されて、自分で考えて行動して成果に結びつけられる環境にやりがいを感じてうまくいっているのではないでしょうか。

これが普通の企業なら、最初から大きな仕事を任されることはなく、上司に命じられた仕事を、上司から言われたとおりにするのが当たり前です。慣らし運転をしながら、上司が決めたタイミングで独り立ちします。その前に自分の判断で動いたら、「なんで相談しないの?」と叱られるでしょう。
しかし、彼女を見ていると、仕組をつくって権限と責任を与えれば、若者でも最初から全力疾走できるのではないかと感じています。

今は社長は彼女にすべての実務を任せて、新規事業の立ち上げと自分のＹｏｕＴｕｂｅの撮影と財務くらいの仕事しかしていません。すでに自走化しつつあるのです。

ダイエットエステのサロンは医療用の機械を使うわけではないので、エステ勤務の経験者を1人雇い、もう1人は未経験者を雇ってスタートしました。

この事業もその2人に委任して、2人だけで業務を回せるようにしています。

集客は2つの方法を併用しています。1つは店長でもあるＹｏｕＴｕｂｅｒがカリスマインフルエンサーなのでその影響力を利用した集客と、もう1つは共同経営の方がマーケティング会社の社長なのでその方を通じたＷＥＢ集客です。

いずれ、集客も自走化するでしょう。

まだ会社を立ち上げて1年くらいなので、ＹｏｕＴｕｂｅｒの彼も会社もこれからどこまで成長していくのか、楽しみにしています。

第4章

仕組が人を育てる

エンパワーメントを成功させる4つのポイント

エンパワーメントを成功させるには、4つのポイントがあります。

それはここまで繰り返し伝えてきた**責任**、**権限**に加えて、**目的**と**目標**です。

・あなたの仕事（事業）の目的は何ですか？
・あなたが達成すべき目標は何ですか？
・そのためにあなたに課せられた責任は何ですか？
・目標と責任を果たすために必要な権限は何ですか？

仕組をつくって任せるだけではエンパワーメントにはなりません。この4点を事前に共有してから業務を実行してもらうと、任せきることができます。

欧米では人を採用する際に、「ジョブ・ディスクリプション（job description）」、日本では「職務記述書」と呼ばれる文書を作成して、職務の内容を細かく設定してから、雇用契約を結びます。

私は、次の4点を明文化しています。

- **会社のビジョンとミッション**
- **部門のビジョンとミッション**
- **業務の目的**
- **個人の目標**

それ以外、業務の内容などは文書化しません。なぜなら、「文書に書いてないから俺には関係ないよね？」と、決められた仕事以外はしようとしなくなる恐れがあるからです。

欧米では、会社に届いた郵便物を仕分ける担当者が決まっていて、それ以外の人が気を利かせて郵便物をポストから持ってくると、感謝されるどころか「これは私の業務だから、あなたがする仕事ではない」とピシャリとはねつけられるそうです。

「この仕事はこの人しかしてはいけない」とガチガチに決まっていたら、あまりにも無味乾燥な職場になりそうな気がします。チームで仕事をするなら、助け合わなければならない場面もあるので、権限や責任を決めても、細かく業務の内容を決めすぎないほうが日本の会社には向いているのではないでしょうか。だから、文書化はあえてしていません。

あくまでも、自分で判断できる社員をつくるのが本筋です。判断するための基準をつくるのであり、行動を制限するためにつくるのではないのだと肝に銘じておきましょう。

営業やSEなどのエンパワーメントについてはご紹介しましたが、実務についてはすべて委任できます。

メディア・ビーでは人材の採用権はまだ現場に与えていませんが、もし現場に採用権を与えるなら、次のような点を考えてもらうでしょう。

・現在の作業量に対してどれだけ人手が足りないのか
・何人採用すればいいのか
・この作業量が続いたら社員が辞めてしまうのか
・採用したらどれだけ粗利が減るのか
・社員を雇う以外に外注などで対応できないか

この判断ができるのであれば、採用権も現場にゆだねます。

それ以外に、モノを買う場合の決裁権もあります。メディア・ビーでは部門単位でその経費を利益に反映させています。

たとえば、「うちの部署の社員のモチベーションを上げるために、置き菓子サービスを利用したい」と意見が出たとします。

本当にそれを利用する必要があるのか。導入したらその部門の利益は減りますが、社員の士気は上がって売り上げが上がるかもしれません。そうすれば利益も増えるので、サービス利用料と相殺できます。

だからといって、何でも経費で買われると不正の温床にもなりかねないので、購入してもいい金額の上限を決めるなどの仕組化は必要です。

ただし、**エンパワーメントで考えないといけないのは、失敗したときに会社にとって致命傷になるかどうかです。**致命傷になる業務は安易に任せてはいけません。財務のように多額のお金が絡む業務は、社長がするほうが安全です。

エンパワーメント（権限委譲）を成功させる４つのポイント

目的：あなたの仕事（事業）の目的は何ですか？

目標：あなたが達成すべき目標は何ですか？

責任：そのためにあなたに課せられた責任は何ですか？

権限：目標と責任を果たすために必要な権限は何ですか？

「権限」と「責任」が人を育てる

なぜ、権限と責任を与えると、人は成長するのか。

それに対する答えは、マネジメントの父と呼ばれるピーター・ドラッカーの言葉にあるかもしれません。

『大切なのは肩書きではなく責任である。責任を持つということは、仕事にふさわしく成長したいといえるところまで真剣に仕事に取り組むことである。責任に焦点を合わせるとき、人は自らについてより大きな見方をするようになる』

前述したように、日本の企業でありがちなのは、肩書を与えても権限も責任も与えないパターンです。上から承認を得るために稟議書を作成し、社長や常務、部長などのハンコをもらわないと何もできないなら、課長という肩書は単なるお飾りです。これでは、課長はリーダーとして成長できないでしょう。

一人ひとりが職務を遂行できるような権限と責任を与える。そうすれば職務に見合った働きをするようになるので、成長できる。ドラッカーが言いたいのはそういうことでしょう。

メディア・ビーでは、委任できる部分が大きい社員を幹部社員と位置付けています。

「あなたは幹部社員だからこれをして」と命じるのではなく、委任する仕事を増やしていった結果、幹部社員になります。

つまり、ベテランの社員であっても、委任する仕事が少なければ幹部になれないということです。

役職が人を育てるのではなく、権限と責任をエンパワーメントすることで人は成長できるのだと思ってください。

中小・零細企業ではずいぶん前から人手不足が深刻な悩みになっています。

山田コンサルティンググループ株式会社が中堅・中小企業に行ったアンケート

（平成31年）によると、経営課題のトップは人手不足で、57・4％も占めていました。

優秀な人材を採用できないのはもちろんのこと、そもそも求人広告を出しても人がまったく集まらない、せっかく採用してもすぐに辞めてしまうなど、人材に関する悩みは尽きません。

そんな悩みを解決するのが、ここまで述べてきた仕組化であり、エンパワーメントです。**仕組をつくれば最小限の人材で仕事を回せますし、なおかつ社員の働き方が変わり、仕事に対する意識も変わっていきます。**

人材育成をするために、どの企業もコンサルタントを招いて研修を行ったり、社員のモチベーションを上げるために福利厚生を充実させたり、会社で部活動を導入したり、さまざまな取り組みをしているでしょう。

そんなことをしなくても、第3章でご紹介したような仕組をつくってエンパワーメントすれば、社員のモチベーションは上がります。それは、前述のＹｏｕＴｕｂｅｒのナンバー2の女性の例からもわかります。仕組が人を勝手に育ててくれると言えるかもしれません。

「そうは言っても、何もできない新入社員に権限と責任を与えられない」と思うのなら、権限の与える段階を決める方法があります。

たとえば、次のように3段階にする方法です。

権限　低：定期的に作業、問題を上司に報告する。わからないことは上司に解決策を求める
権限　中：解決策と計画を上司に提案し、承認してもらう
権限　高：自分で決定ができ、結果に対する責任を持つ

これなら、社員の能力に合わせてどの段階の権限を与えるのかを決められるので、迷いが生まれません。社員が成長したら、中、高と権限のレベルを高めていけばいいだけです。

報告や提案を受ける上司を決めれば、社長がすべての社員の動向に目を配る必要もなくなります。社長はノータッチでも現場で仕事が回るようになるでしょう。

部下にどのような仕事を任せるのかも、直属の上司がすべて決めます。権限の段階をもっと細かく分けてもいいですし、役職ごとに決めてもいいと思います。社長がやりやすい権限の与え方で実践してみましょう。

なお、部下の育成を任せたら、「君のところの部下は営業成績が悪い。何か研修を受けさせたら?」などと口出しした瞬間に、エンパワーメントは台無しになります。

エンパワーメントしたなら、その上司がどのように部下を育てるのかは、その上司にすべて判断させます。営業成績が伸び悩んでいて、上司が「この研修を部下に受けさせたい」と申告して来たら、それを承認するのが社長の役割です。

その際も、あらかじめ上司が使っていい予算を決めておけば、申告してもらう必要もありません。その予算内なら、上司が何にどう使うのかも自由です。部下のモチベーションを高めるために、毎週ランチ会を開いてもOKです。

とはいえ、人間にはどうしても好き嫌いの感情があるので、気に入らない部下に対してキツくあたる上司も出てくる可能性はあります。

もし部下をつぶしてしまったら、その上司が決められた権限と責任を実行できなかったことになるので、降格するか、異動するなどの対処は社長が決める必要があります。

目標の数値を達成できなかった程度でペナルティを与えるのは絶対にお勧めしません。

しかし、「これをしてはいけない」という行為はあるので、**事前に何をしたら委任を撤回するのか基準を定めて伝えておく**と、正当な理由で撤回できます。

どうしても、自分の見ていないところで社員に勝手に判断して動かれるのが不安なら、モニタリングのシステムを整えれば解決します。

これについては次項以降で詳細を説明しましょう。

目的と目標を言語化する

1億円の壁は1億円を目標として超えるのではなく、結果として超えるのがベストです。

エンパワーメントをして相手を成長させるには、目的と目標を伝えるのが大事です。

相手が何をするかを決めて、「じゃ、後はよろしく」だと丸投げですし、責任と権限を決めて伝えるだけでも、まだ不十分です。

何のためにその業務をするのか、何を達成すればいいのか、目的と目標をしっかり共有するのもエンパワーメントする際の基本です。

アクションコーチでは、委任は3つのステップに分けて行います。

1、要件の明確化

まず、最初に委任したい業務の内容について明確にします。このステップで目的を明確にするために、ＷｈｙとＷｈａｔを伝えます。

◎Ｗｈｙ

この仕事の重要性を、**背景、理由、目的**の３つに基づいて説明します。要は、なぜその業務が必要なのかを説明するということです。

背景とは、たとえば何か課題が発生しているのなら、その経緯を説明します。それと合わせて、問題を解決するためにその作業が必要な理由と、問題を解決して何を目指すのかという目的も伝えます。

たいてい、仕事の進め方だけを伝えて、背景、理由、目的については伝えないものです。

データを入力するような単純作業であっても、この３つは説明すべきです。

ただ「この顧客名簿をこのフォーマットに入力しておいて」と指示された

ら、任された相手は流れ作業的にその仕事をするでしょう。

もし、こんな説明をしたらどうでしょうか。

「この顧客名簿をもとに、新しい事業の案内をしたいと考えてるんだ。うちの会社はまだ知名度が低いから、一度でも利用していただいたお客様にリピーターになってもらうのが一番だと思う。その事業はお客様に多かった要望をもとに始めることにした事業だから、多くのお客様に喜んでもらえると思うんだ」

ここまで説明してもらえたら、「それなら丁寧にデータを打ち込もう」と思うでしょう。もしかしたら、「お客様を年齢別に分類したらどうですか？それぞれの年齢層に合ったアプローチができるかもしれないですよね」と提案してもらえるかもしれません。

つまり、**言われたことを言われたとおりにこなすだけの受け身の姿勢ではなく、能動的に取り組む意識が生まれる**ということです。

たとえ小さな作業であっても、背景、理由、目的を伝えるのは絶大な効果があるのだとわかります。

ある国では、囚人に穴を掘らせて、それを自分で埋めさせるのが罰とされていました。1週間くらい続けると、どんなにタフな囚人でも音を上げたと言います。

何の目的もない単純作業を繰り返すのは、それくらい多くの人にとって苦痛だということです。

もし、これが地質調査のための穴掘り作業なら、苦痛に感じずに続けられるでしょう。単純作業ほど、Ｗｈｙの共有が重要なのだとわかります。

◎Ｗｈａｔ

その業務を通して何をするのか、どんな成果を得られるのかを説明して、目標を定めます。主に次のようなことを一緒に確認します。

・目標：目指す結果、やるべきこと
・結果の評価基準：ＫＰＩ、結果を評価するためのチェックリスト、合格基準
・必要なリソース：人、お金、時間、情報、方法（プロセス）など（外注

するなら料金なども決めなければなりません）

・ＷＨＯ　　　：最適な委任相手

・ＨＯＷ ＬＯＮＧ：希望するタイムライン

・ＨＯＷ ＴＯ　：実行方法の提案（本人に考えてもらっても構いません）

・仕事の完了後に委任相手が得られるもの

①お金：報酬、賞罰、収入

②精神：賞賛、サポート、尊敬、名声

③機会：学び、成長、福利、権利

④責任：権限、特権

これらすべてを必ず説明しなければならないというわけではありませんが、目標と評価基準、実行方法、仕事の完了後に相手が得られるものに関しては話し合っておいたほうがいいでしょう。

2、アクションプランの合意

１でＷｈｙとＷｈａｔを明確にしたら、それらを**実現させるための計画**

を練ります。これは委任相手に任せても構いません。その際に、期間とマイルストーン（中間目標点）も決めていきます。
なお、この段階で、相手に与える権限も決めます。

3、サポートとモニタリング

サポートとモニタリングを最後に決めておきます。この方法については後述しますが、社長が決めても委任相手と話し合って決めてもいいでしょう。

この3つのステップに沿って委任をしたら、スムーズにエンパワーメントできます。事前の話のすり合わせによって、エンパワーメントがうまくいくかどうかは、ほぼ決まります。

毎回このステップに沿って委任するのは面倒かもしれませんが、ほんの少しの手間で、社員の成長度はまるで違います。同じような作業の際は繰り返し説明しなくても理解してもらえるでしょうから、最初は丁寧に説明するよう心掛けてください。

委任は最終的には、相手が1人で完遂するのが目的で、それを実現させるには自発的に動ける形をつくらなければいけません。

「自分だけがその業務に対して責任と権限がある」という状態をつくると、人はそれを完遂しなければならないという責任感が生まれます。そのための委任の仕組なのです。

アクションコーチでの委任の3ステップ
（委任した業務内容の明確化）

1、要件の明確化
Why：なぜその業務が必要なのか（背景・理由・目的）
　受け身の姿勢から、能動的に取り組む姿勢へ
What：その業務を通して何をするのか、どんな成果を得られるのか
・目標（目指す結果、やるべきこと）
・結果の評価基準（KPI、評価のためのチェックリスト、合格基準）
・必要なリソース（人、お金、時間、情報、方法など）
・WHO（最適な委任相手）、HOW LONG（希望するタイムライン）、
　HOW TO（実行方法）
・完了後に委任相手が得られるもの（報酬、賞罰、収入、賞賛、
　サポート、尊敬、名声、学び、成長、福利、権利、権限、特権）
2、アクションプランの合意（実現させるための計画）
3、サポートとモニタリング

サポートとモニタリングの仕組を整える

　ここまで、エンパワーメントには４つのポイントが必要だとお話ししてきました。加えて、**委任が丸投げにならないためには、定期的なサポートとモニタリングが必要**です。

　モニタリングと聞くと、「監視」という意味から、パソコンの履歴をチェックするようなイメージを持つかもしれませんが、現状を観察して把握するといった、ゆるい意味でとらえてください。

　サポートとモニタリングの方法は、皆さんのやりやすい方法や社風に合わせて決めればいいと思います。１on１ミーティングを定期的に開いてもいいでしょうし、タスク管理のアプリを使う方法もあります。

　毎日報告書を書かせている会社もあるかもしれませんが、社員も毎日書くのは面倒ですし、社長も毎日読むのは大変なので、この方法はお勧めしません。社長の負担を減らすために仕組化するのに、時間がかかる方法を選ぶのは賢明とは言えないでしょう。

メディア・ビーでは月一の報告にしています。

ただし、定例会議を開いて口頭で報告を受けるような方法ではなく、スプレッドシートを使って確認するだけです。

スプレッドシートはＧｏｏｇｌｅが提供しているエクセルのようなツールで、クラウド上でチームで共有できるようになっています。それを使って情報共有しています。

そのシートにＫＰＩで決めた目標の数値や今月の売り上げ、コストなどを記入する欄をつくります。毎月、社員がその欄に数値を記入するのを「報告」と呼んでいます。

たとえば、撮影事業で今月の売り上げが不自然なくらいに少なかったら、担当者に「なんで今月はこんなに少ないの？」と問い合わせます。すると、「先方からの入金が来月になるんです。今月は１００万円しかないけど、来月は３００万円入ります」と報告を受けます。

そこで納得したら、その月の報告は終わりです。そのやりとりもチャットでするので、直接話さずに済みます。

報告会議をしないのは、スプレッドシートでデータを見れば全員で数字を共有できるからです。見ればわかるようなことを、社内全員の時間を使って話し合うのは時間のムダでしょう。

ＫＰＩでその月の目標の数値も設定してあるので、売り上げが1億円必要なのに、その月の20日を切った時点で売り上げが３０００万円しかなかったときに、「これ、どういうこと?」と社員に確認できます。

そうすると、「月末にこれだけの受注が決まっているので、大丈夫です」といった理由を聞けます。それなら問題ないとわかりますし、もし「今月は厳しいです」と言われたら、翌月は目標値を下げるか、売り上げを上げる戦略を練り直すなどの解決策を考える必要があります。

私がしているモニタリングとサポートはこのような感じです。

目標値に達していなくても社員を叱り飛ばしたりしていません。なぜ目標値を達成できなかったのか、その原因を分析して、解決策を考えて実行すればいいだけです。感情的になったところで、何も解決できないでしょう。

あまりガチガチに縛ると結局私が細かく管理しているようなものなので、エンパワーメントするには、これくらい**ゆるいモニタリングとサポート**が適していると感じています。

それでも社員から「社長、大変です！」と連絡が来ることはほとんどありません。それは、何か起きても現場で対処できる仕組ができているからです。

適切な仕組さえつくれれば、最低限のモニタリングとサポートで現場は回せるのです。

報告のタイミングや頻度を決めるのも仕組づくりの一環です。

私は一部の社員とのつきあいは創業間もない頃からなので、気心が知れているためここまでコミュニケーションをそぎ落としていますが、会社を立ち上げて間もない時期なら、もう少し直接やりとりをしたほうが安心できるかもしれません。

定期的に報告させるのか、それならどのようなツールを使うのか。途中経過も報告させるのか、結果だけ知らせればいいのか。途中経過を報告させるなら、どのタイミングですればいいのか……そこまで細かく計画を立てておけば、必要な情報を得られます。

その計画は社長が立てなくても、委任された人に任せて構いません。**仕事を委任した相手が、納期から遡ってどのタイミングで報告するかを決めてもらえば、自分で決めた計画なので守るでしょう。**

とにかく、社長にとっても社員にとっても負担のかからないサポートとモニタリングの方法を選ぶのが、長く続けられるポイントです。

モチベーションアップも仕組化する

社員の帰属意識（ロイヤリティ）を高めるのは、会社にとって永遠の課題です。

第３章でご紹介したＹｏｕＴｕｂｅｒのナンバー２の女性は、ほとんどの業務が初めての経験だったにもかかわらず、なぜ半年でナンバー２になれるほど成長できたのか。

その理由は、**ロイヤリティを持っているから**ではないかと、私は分析しています。

ロイヤリティを持っていると、会社の一員として会社の利益になる行動をとらないといけないという意識が芽生えます。会社のために役立てることにやりがいを感じるから、そこまで仕事に打ち込めたのでしょう。

ロイヤリティも仕組で高められます。
次の4つが代表的です。

①お金：報酬、賞罰、収入

もっともわかりやすい帰属意識を持たせるための手段です。とはいえ、最近の日本では、お金での報酬よりも、それ以外の報酬のほうがモチベーションは上がると言われ、重視されるようになっています。

②精神：賞賛、サポート、尊敬、名声

「すごいね」「よく頑張ったね」と褒められるだけでも、人はモチベーションが上がります。人には承認欲求があるので、それを満たすと満足するのです。多くの企業で導入している表彰制度もこれに当てはまります。

③機会：学び、成長、福利、権利

セミナーや研修などで成長するチャンスを与えたり、ワークライフバランスのような福利厚生を充実させるのもモチベーションアップにつながります。

④責任：権限、特権

これはまさにエンパワーメントを成功させるための要因です。責任と権限を持たせるのは「あなたを信頼している」という証なので、その期待に応えたいという心理が働くのでしょう。

どの方法ならロイヤリティを高められるのかは、社風によっても、社員の性格によっても異なります。社長が独断で「うちはお金で行く」と決めてもいいですし、社員の好みを聞いてそれに合わせてもいいと思います。

普段のやりとりはチャットで十分

私は、社員との普段のやりとりは**Ｃｈａｔｗｏｒｋというチャットシステム**を使っています。

Ｃｈａｔｗｏｒｋにタスク管理機能があるので、社員に仕事を依頼するときはそこに書き込んでいます。タスクの内容を記入し、タスクの担当者と期限を設定すれば、未完了タスクと完了したタスクをグループ全員で共有できるので便利です。

今では、Ｃｈａｔｗｏｒｋのタスクに書き込まない限り、仕事の依頼にはならないと定義しています。

口頭で、「あれ、やっといてください」と言われただけだったら、依頼してないことになります。もし、私がそれに応じなかったとしても、「あれ、Ｃｈａｔ workのタスクで依頼した?」「してないです」「それ、依頼されてないから」と塩対応で済ませるでしょう。口頭で言ったとしても、Chatworkのタスクに上げて初めて、仕事を頼んだことになるのです。私が社員に仕事を依頼するときも同じです。

そこまでしっかり仕事の依頼の方法を定義しておくと、「あのとき、指示したよね?」「聞いてません」というトラブルもなくせます。

こういうツールを使うと、**仕事の見える化**も図れます。

チームでの仕事の場合は作業の遅れている人がいないかの定点確認も、ツールでできます。遅れている人がいたら、「何か問題が発生しているの?」とチャットで確認します。そのやりとりをほかのメンバーも見ているので、彼らがフォローに回れるでしょう。

結局のところ、ツールも使い方次第で十分コミュニケーションを取れるということです。

リモートワークだとコミュニケーションが取れないという意見もよく聞きま

す。そういう人はリアルな場でも自分で思っているほどコミュニケーションを取れていないような気がします。

今はさまざまなツールがそろっているので、仕組化も委任もしやすい環境になっています。それを使わない手はありません。

自社に合ったツールを見つけて使いこなしましょう。

ホンネのミッション、ビジョンを伝える

仕組づくりやエンパワーメントを「絵に描いた餅」にしないためには、ミッションやビジョンが重要です。

ミッションとビジョンを会社でつくるように提唱したのもピーター・ドラッカーで、こんな言葉を残しています。

『企業にせよ、チームにせよ、シンプルで明快なミッションを必要とする。ミッションがビジョンをもたらす。ビジョンがなければ事業とはなりえない。人の群れがあるだけである』

ミッションやビジョンは、何を目指しているのか、どのように社会に貢献したいのかを定めた会社の羅針盤のようなものです。

ミッションはその会社の使命や目的、ビジョンは将来のありたい姿だと言われ

ています。これにバリュー（価値基準、行動指針）を加えることもありますが、そんなにこだわらなくても、ミッションだけでも十分です。

ソフトバンクが「情報革命で人々を幸せにしたい」という30年ビジョンを掲げているのは有名です。それをもとにシンギュラリティ構想を打ち出し、半導体チップメーカー・ＡＲＭ社やロボット企業ボストン・ダイナミクス、衛星通信のＯｎｅＷｅｂなど、世界中のテクノロジーの会社を買収しています。

ソフトバンクのような大企業ではなくてもミッションやビジョンは会社の軸で、それがないと何のために仕組化するのか迷走しますし、社員の行動も変わってきます。

たとえば、「社会に感動を与える」というミッションを掲げたとします。そうすれば仕組をつくる際に、「やはり人がメインで営業しよう」「お客様相談室の対応も感動を与えられるくらいにしよう」と、ミッションに基づいた仕組を考えるようになります。

もしミッションがなければ、「ＷＥＢで集客しよう」「お客様相談室は外注しよう」と、合理性だけを追求する可能性があります。そうなると社会に感動を与えるような業務はできず、社員も「顧客対応は自分の仕事ではない」と、まったく顧客を顧みなくなります。

ミッションやビジョンが社員の行動や考え方に影響を及ぼすのです。そして、ミッションやビジョンは社長のホンネであることが大事です。

世間に向けてカッコよく見せるためのミッションやビジョンだと、それらと仕事の仕方に乖離が生まれて、社員はついていけなくなります。

社長が心から実現させたいと思っていて、「自分は絶対にこれをやり遂げたいんだ」と社員に向かって語っていたら、その情熱が伝わって社員もついていくでしょう。

一昔前なら、ミッションやビジョンを社内に浸透させるために、毎朝朝礼を開いたり、社訓を読み上げたりしていましたが、今はクレドを読み上げている会社が多いようです。

クレドはその会社の信条や行動指針で、みんなで読みながら、「これをどう実践すればいいと思う?」などと議論するのだとか。

それで結束感が高まり、みんなが意義を感じていくのなら、いいでしょう。

ただ、私はミッションやビジョンは必ずしも明文化するものではないと考えています。

大事なのは明文化することではなく、社長自身がミッションに忠実な行動や考え方をしているかどうかです。ホームページなどで掲載して、世の中に向けて情報発信してもいいですが、社内では言葉を共有するのではなく、態度や考え方を共有するべきです。

社員は社長の行動をきちんと見ているので、社会貢献というミッションを掲げながら、「売り上げを上げるためなら何をしてもいい」という考えだったら、社員は不信感を抱きます。だから、社長のホンネである必要があります。


ちなみに、**私のミッションは、社員、会社、クライアントの三者がウィン・ウィン・ウィンになる仕組をつくること**です。

売り上げが上がれば会社の収益になりますが、社員に還元する仕組もつくっていますし、クライアントに対しては料金以上の価値を与えたいと考えています。

たとえば、100万円でその仕事を受けても、200万円の結果を出せれば、クライアントからは喜ばれます。そのようなウィン・ウィン・ウィンを目指して、社内でもよくそれを連想させる言葉を使っています。

「そのやり方だとうちにとっては利益があるけど、クライアントさんにとっての利益にはなる?」という具合に。

私自身がミッションに反することをしなければ、社員にも自然とそれが伝わって、ウィン・ウィン・ウィンを考えながら動いてくれていると感じています。それが社風となって、社風に合った人材が集まる場になるのでしょう。

自走化は一気に進めない

社長がいなくても仕事が回るようになったら、その事業は自走化できたと考えてもいいでしょう。社員も自走化できたと言えます。

しかし、自走化を成功させるためには、一気に進めないことです。

私も少しずつ社員に委任していきました。

幹部社員に社長の代わりをしてもらうために、「半年間で全部の業務をできるようになってね」と委任したら、相手はパンクしてしまうでしょう。

私が委任したのは創業2年目から一緒にやってきた社員で、何となくナンバー2的なポジションになっていました。それでも、3、4年かけて少しずつ権限を増やして、任せる割合を増やして、私がいなくても会社全体が回るように任せていきました。

最初は毎日報告してもらっていました。それを徐々に週に1回、月に1回と減らしていき、今は月に1回報告しなくてもいいから前述したスプレッドシートなどに記入しておいてくれればいい、としています。

自転車に乗る訓練をするときに、最初は補助輪をつけて乗り、次は補助輪を外して後部座席を誰かに手で抑えてもらい、最後に手を放されてもヨタヨタと漕げるようになります。

自走化もそうやって、最初はしっかりサポートしながら、少しずつ任せていくのがベストです。

ほぼ報告が必要なくなる状態が、100％委任の状態です。

私は慎重に進めたから3、4年かかりましたが、第2章で紹介した営業統括を置いた会社の例では、1年半ほどで社長がいなくても仕事が回るようになりました。さらに、YouTuberのナンバー2の女性は半年ほどで自走化できるようになりました。

会社の状況や相手の能力に合わせて、委任するスピードを調整すればいいと思います。

とにかく、焦らずに少しずつ仕組化を進めていきましょう。

第5章

50社の会社を経営している億万長者から学んだ「成功する会社」のつくり方

アクションコーチとは何か

アクションコーチ（Action COACH）は、起業家で作家でもあるブラッド・シュガーズが1993年に設立した、ビジネスコーチングとトレーニングの会社です。

世界80カ国・地域で展開され、2016年に日本展開もスタートしました。

アクションコーチでは、**中小企業の経営者が事業の自走化を実現させるために、コーチのアドバイスを受けながら、「応用心理学」「経営科学」「スポーツ科学」を使ってビジネスを構築していきます。**

私がアクションコーチを本格的に始めたのは、社員に仕事を丸投げし、会社を崩壊寸前にしてしまい、立て直しに悪戦苦闘しているときでした。

私は以前、ある経営者同士の集まりに参加していて、そのうちの1人がアクションコーチを日本に紹介した方でした。最初にその方からアクションコーチの話を聞いたときは、それほど魅力を感じませんでした。

けれども、会社がガタガタになったときに、「そういえば、あの時聞いたアクションコーチって、今の自分に必要な気がする」と思い出し、連絡を取ると、「じゃあ、一緒にやろうか」と誘われました。

その方にコーチになってもらい、アクションコーチのメソッドを教えてもらいながら、メディア・ビーで実践してきました。その結果、会社は持ち直しただけではなく、今まで以上に成長することができたのです。

もし、起業したばかりの頃にアクションコーチを知っていたなら、ここまで苦労せずに会社を1億円企業に育てられたでしょう。

そんな想いから、皆さんにはショートカット（近道）していただくために、アクションコーチをご紹介します。

ただし、私はアクションコーチで学んだことをすべて忠実に実践しているわけではなく、自社に合うようにアレンジしたり、必要な知識やスキルを取捨選択して取り入れています。

欧米発のメソッドなので、すべてが日本の会社に適しているとは言えませんし、自分の会社には合わない方法もあるでしょう。

皆さんも遠慮なく自社に合わせてアレンジしながら取り入れていってください。

アクションコーチは6つのステップに沿って進めていきます。

①基礎
②営業・マーケティング
③仕組化
④組織・人材
⑤シナジー
⑥結果

ステップ①から進めて、ステップ⑥まで辿り着いたら、現場は社員に任せられるので、社長は経営だけに専念できて会社は自走化します。そうすれば、1億円企業にあっという間に成長できます。

　それでは、1つずつステップを紹介していきましょう。

事業成功への6ステップ

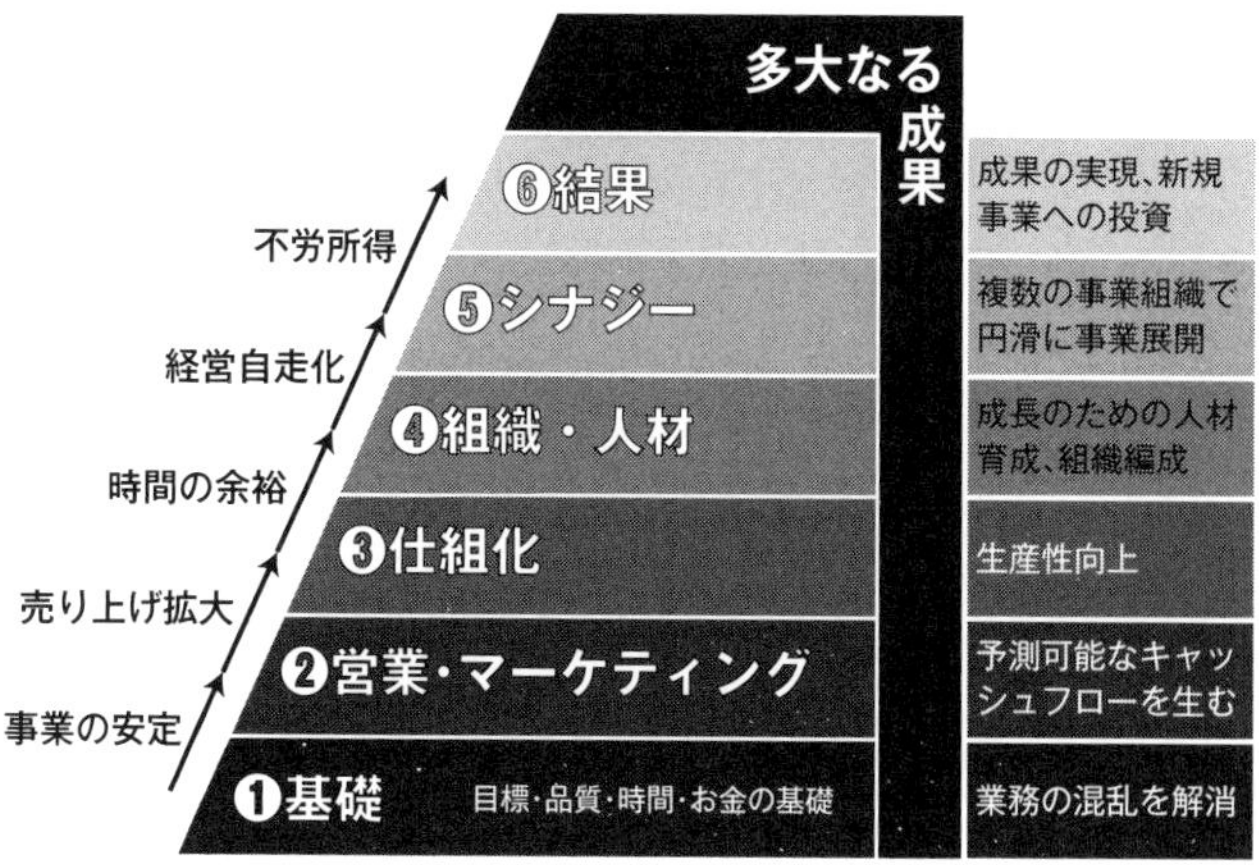

ステップ① 基礎

最初のステップで行うのは、４本の柱で基礎を固める作業です。その**４本の柱とは、目標、品質、時間、お金**です。この基礎がないと会社の土台がないのと同じなので、その上に何も築けません。必ず、基礎をつくるところからはじめましょう。

■目標の基礎

社長のあり方（ＢＥ）や会社のビジョン、ミッションなど、自分や会社がどうなりたいかの目標がきちんと定まっているかどうかです。

とはいえ、経営理念をつくるという話ではありません。

「感謝」「誠実」といった経営理念をつくって額縁に入れて社長室に飾ったり、

会社案内やホームページに載せても、たいていの社員は興味ないでしょう。

・この会社が何のために今のビジネスをやっているのか
・誰に向けてビジネスをしているのか
・この会社は将来、どうなりたいのか

そういった、社員と社長が共有すべき指針があればいいので、カッコいい文言で考える必要はありません。

ミッションやビジョンは、会社単位でも事業単位でもあるほうがベストです。なお、ビジョンとは遠い将来や会社の最終形、ミッションとは今すべきことや近くの目標を意味します。ここまでの章で述べてきたように、ミッションやビジョンがないと、委任するときの社員の判断基準がありません。

たとえば、「お客様の満足度を最優先する」というミッションがあるなら、どんな業務よりもお客様への対応を最優先することになります。お客様からクレームが入ったら、どんなに忙しくても飛んで行く。上司に緊急の用を命じられても、お客様への対応を優先させなくてはなりません。

ミッションがあると、自分が今、何をすべきかで迷わなくて済みます。だから委任できるのです。

ただ、「うちの会社は売り上げ10億円を目指す」という数字上の目標を立てることはお勧めしません。数字をミッションにすると、売り上げを上げるためならどんな手段でも使うブラック企業化してしまいます。10億円を稼ぐことがミッションではなく、ビジョンを実現させるために、今何をするのかがミッションになるはずです。

同じように「世界一の企業を目指す」というビジョンも、「世界一の会社になってどうするのか」というところまで考えるべきです。

ビル・ゲイツのように慈善事業をするのでもいいでしょうし、日本経済を救うという大きなビジョンでもいいでしょう。

「何のためにするのか」を明言化して初めて、人を動かせるビジョンやミッションになります。

■品質の基礎

これは自社の商品やサービスの品質に関する基礎です。

品質の基礎を強化するために必要なことは、主に次の3つになります。

・効率的に品質を上げる

・品質をそろえる

・売り上げが上がったときに品質を落とさない

1つ目は、品質を落とさずにどのように効率的にできるかを考えます。

メディア・ビーが買い取った撮影事業は、リピーター客がメインだとお話ししました。それがもっとも効率的だからです。

それまでは、社員もカメラマンも新規顧客を開拓するために電話営業をしていました。ヒマなときには取引先にも電話して、「撮影が必要な案件はありませんか」とカメラマンが営業をかけていました。

それをやめてWEB営業に切り替えてから、カメラマンは撮影だけに集中できるようになりました。そうすると、「目の前のお客様からどう信頼を得て、リピートしてもらえばいいんだろう」と考えるようになります。技術を磨くし、満足してもらえるような接客も考える。その結果、クオリティが効率よく上がったのです。

2つ目の「品質をそろえる」は均一な品質にすることです。お客様が利用するたびに商品やサービスの品質が違っていたら、会社の信用問題にかかわります。

均一にできない主な理由は、属人化していて、人によって質が変わるからです。接客だったら、マニュアルや研修で同じレベルにそろえるのは難しくないでしょう。メディア・ビーの場合、撮影事業で同じレベルのカメラマンをそろえるのは難しいですが、WEB制作なら、ある程度同じレベルの人材をそろえられます。

お客様に「あの人がいい」と言われるより「あの会社は誰にお願いしてもいいよね」と言われるようになったら理想的です。

3つ目は、一番重要で難しい効率化です。売り上げが増えたとき、たいていは仕事量が2倍になりますが、社内の人数は一緒なので商品の質が落ちます。ここで安易に社員を増やしたら利益が減るので、効率化で仕事の生産性を上げたり、外注するなどして、利益が減るのを最小限にとどめる対策を練ります。

■時間の基礎

時間の基礎には、2つあります。

・社長の時間の使い方
・社員の時間の使い方

どちらも仕事を効率化して、時間を有効活用するという点で同じです。

たとえば、クライアントと1時間打ち合わせをするために、30分かけて現地に行き、終わったら30分かけて会社に戻る。この移動時間の1時間はムダです。

電車やタクシーの車内でメールチェックしたり資料を作成したり、隙間時間を利用して作業している人は大勢いるでしょうが、隙間時間を生まないほうが、よほど生産性は上がります。

移動時間をなくすには、リモートで打ち合わせをすればいいだけです。

リモート導入の流れは今後も変わらないでしょうから、打ち合わせはすべてリモートでということにしても、違和感なく受け入れられるでしょう。

移動の時間もなければ、交通費もかからない。双方にとって、こんなに好都合な方法はありません。

クライアントが「どうしても直接会って話をしたい」と言うのなら、会社まで足を運んでもらえば移動時間をなくせるので、効率的です。

時間のムダを徹底的になくして、本来やるべき業務に集中する。これはホワイト企業化するためにも重要なポイントです。

ちなみに、以前は深夜までの残業が当たり前だったメディア・ビーでは、今は定時で上がるのは当たり前。「残業したら負け」という空気になっています。それくらい、生産性が上がったということです。

■お金の基礎

アクションコーチではお金に対する考え方を身につけるために、「5つのKPI（5ways）」というスキルを使います。

5waysは、

①見込み客数

②成約率

③取引回数

④平均客単価
⑤利益率

この5つです。この5つの数値を増やしましょう、というのが5waysの考え方になります。

5waysは次の公式で表します。

見込み客数×成約率＝顧客数
顧客数×取引回数×平均客単価＝売り上げ
売り上げ×利益率＝利益

普通は、「顧客を増やさなきゃ」「売り上げをアップしよう」「採算性を上げよう」と考えますが、その3つはアクションコーチ的には重要ではありません。なぜなら、この3つは5waysの結果に過ぎず、5waysが向上したらこの3つの数値もおのずと上がるからです。

まず**見込み客**、つまりお客様になる可能性がある人が成約したら、顧客数にな

ります。だから、

見込み客×成約率＝顧客数

です。正確に言うなら、新規顧客になります。これに既存顧客数を足せば全体の顧客数になります。

ここまではいいですね？

次の公式で求めるのは**売り上げ**です。

その顧客がどれくらい取り引きをしてくれるか、リピートしてくれるのか。1回だけの人もいるし、5回リピートしてくれる人もいるかもしれません。その平均の数値が**取引回数**です。

そして、お客様が使ってくれる**平均客単価**はいくらなのか。

この3つを使って公式にしたのが、

顧客数×取引回数×平均客単価＝売り上げ

となります。

なお、この売り上げとは単なる売り上げではなく、Ｌｉｆｅ Ｔｉｍｅ Ｖａｌｕｅ（ライフタイムバリュー）＝「顧客生涯価値」になります。

顧客生涯価値とは、ある顧客が取り引きの開始から終わりまで（これを生涯と表します）、わが社にどれくらいの利益をもたらすのかを算出した数値です。これを向上させると利益率の向上につながり、最終的に収益性の高い企業にできると考えられています。

最後に、顧客生涯価値（売り上げ）に利益率をかけると、利益になります。

売り上げ×利益率＝利益

これが3つ目の公式です。

利益率とは売り上げに対する利益の割合のこと。最終的にどれくらいの利益をもたらすのかが、ここまでの一連の計算式で見当がつけられます。

それでは、見込み客数、成約率、取引回数、平均客単価、利益率のうち、ダメな社長はどこから手を付けると思いますか？

客単価を上げるところから手を付けるのは、まあまあいい社長です。ダメな社長は見込み客を真っ先に増やそうとします。

この5つは、実は下から重要度が高くて、数値を上げるのが一番簡単なのは利益率です。

見込み客数↑成約率↑取引回数↑平均客単価↑利益率

仕入れの原価を下げる、あるいは業務を仕組化して少ない人数で回せるようにすると、利益率は上がります。利益率はお客様に「料金の値上げをお願いします」「もう一個買ってください」などとお願いする必要はなく、自分たちの効率化を図るだけで実現できます。だから一番、簡単なのです。

次に比較的簡単なのが平均客単価を上げること、取引回数、成約率と難易度が上がっていき、見込み客を増やすのがもっともハードルの高い方法です。

ところが、多くの会社では、まず見込み客を増やそうとします。そのために「テレアポの回数、倍にするぞ」と社長が言い出し、社員は朝から晩まで電話をかけ続けて疲弊する、というブラック企業化していくのです。

つまり、一番結果を出せないところでムダに頑張っているということです。

だから、**利益率を上げるところから楽に始めませんか**、というのが5ways で言いたいことです。

たとえば、4000人の見込み客がいるとします。そのうち成約率が25％だと顧客は1000人になります。その1000人が2回取り引きをしてくれて、平均客単価が1万円だとすると、売り上げは2000万円になります。利益率が25％だと、利益は500万円です。

もし、4回取り引きしてもらうと利益は1000万円になり、同じく客単価を2万円に上げると利益は1000万円になります。

このように、**どこを増やせば利益がどれくらい上がるのか、見当をつけるために5waysは役立ちます。**

お金の基礎

ビジネスを成長させるために必要な５つの領域の数値を増やす
<5ways>
① 見込み客数　② 成約率　③ 取引回数
④ 平均客単価　⑤ 利益率

見込み客数 × 成約率＝顧客数 顧客数 × 取引回数 × 平均客単価＝売り上げ 売り上げ × 利益率＝利益

<重要度の高い順番>
利益率→平均客単価→取引回数→成約率→見込み客数

これなら、見込み客を増やさなくても、もっと効率的に利益を導き出せるのだとわかるでしょう。利益率から数値を上げていき、それでも頭打ちになったら見込み客を増やすための方法を考えれば十分です。

なお、起業したばかりの人は顧客を増やす必要があるので、見込み客を増やすところから始めないといけないかもしれません。その場合も、事業が軌道に乗ったら、それ以外の数値を上げる方向にシフトしていきます。

私もアクションコーチを始める前は、こういった数値の増やし方をまったく考えていませんでした。売り上げを上げるにはどうするか、顧客をどう増やすかといったことばかり考えていました。

それどころか、値下げするにはどうすればいいかを考えていたので、自ら苦しい方法を取っていたようなものです。

それぞれの領域の数値を上げるために何をすればいいのかを考えて実行すれば、がむしゃらに努力をしなくても、楽に1億円の壁を越えられます。

ステップ② 営業・マーケティング

■基礎ができてから次のステップに移る

このステップで取り上げる営業・マーケティングとは、普通の営業、つまり売り上げをつくり、食べていけるようにするためのものとは違います。

このステップで行うのは、来年以降、つまり**将来的に事業を2倍、3倍に拡大するための営業・マーケティング**です。

ステップ①の基礎をしっかり固めたら、次は一気に売り上げを拡大する。それも、来年は今年の売り上げの5％アップを目指す、といったわずかな拡大ではありません。

今年が売り上げ5000万円なら、来年は1億円を目指すくらいの拡大を目指し、そのためにどうするかを考えるのがこのステップです。

そこまで一気に拡大する際に、ステップ①の基礎ができていないと、あっという間に会社は回らなくなります。

たとえば、品質の基礎ができていなければ、売り上げが急拡大したときに商品の納品が間に合わなかったり、商品の質が落ちたりします。

実際に私のクライアントで、ステップ②に移って半年で売り上げが40%くらい増えたのですが、社員の労働時間が危険な状態にまで増え、納品が遅れてクレームが相次いだので、「ステップ①の品質に戻りましょう」と、基礎を整え直すことになりました。

したがって、ステップ①は完璧にできたと思っていても、ステップ②に移って問題が発生したらステップ①に戻って課題を解決して、土台をつくり直す必要があります。

そうならないためにも、ステップ①は時間がかかっても、一つずつしっかりと強化していくのがベストです。

■将来の売り上げを拡大するための戦略を考える

ステップ①の5waysで取り引き回数、つまりリピーターを増やすと効率的に利益を増やせるとお話ししました。そのために商品やサービスの品質を上げるのはもちろんのこと、リピーターから自動的に依頼が来る仕組をつくると最強です。

たとえば、新築の一戸建ての販売をしている建築会社の場合、家は一生に一回の買い物だからリピーターはないと考えられがちです。

しかし、ちょっとした不具合が起きたときにメンテナンスが必要ですし、リフォームもあります。それらをフォローする仕組をつくっておけば、リピーターとして長く利用してもらえます。

その顧客が会社の評判をつくり、広告塔になってほかの顧客を呼び寄せます。

1人の客の後ろには50人以上の客がいると思ってください。

定期的に仕事を依頼してもらうために、皆さんが普段取り引きをしている顧客にどのような傾向があるかを洗い出してみましょう。

取り引きの多いトップ10、トップ20の人たちが、なぜ自分に仕事を依頼するのかを考えます。

もしかしたら、ほぼ知人からの紹介かもしれません。その場合、「運よく紹介してもらった」のではなく、「紹介してもらうべくして紹介してもらえた」という仕組をつくれたら、今後も安定して仕事を得られます。

これからも継続して紹介してもらうために、料金の割引や紹介料を支払うという方法が考えられます。

あるいは戦略パートナーとなる方法もあります。

たとえば、税理士と組んで事業をする場合、税理士がもっとも欲しいのはクライアントからの信頼です。わずかな紹介料のために顧問契約を失うわけにはいきません。

信頼できる業者を紹介したら、クライアントから「いい会社を紹介してくれてありがとう」と感謝されます。税理士の場合はそれが自分にとってのメリットになるので、誰にでも安心して紹介できるレベルの実力や実績が戦略パートナーとなる条件になるかもしれません。

もちろん、自分もクライアントにその税理士を紹介し、ウィン・ウィンの関係を築くのは大前提です。

相手によって、自分や自分の会社を紹介するメリットは違います。それを考えて紹介してもらえるような戦略を考えるのが営業・マーケティングです。

■新規サービスをつくる

営業・マーケティングでは、5waysのすべてを増やすことを考えなくてはなりません。

なぜなら、現在の利益から5％、10％と小さく増やすのではなく、50％、100％というレベルで一気に拡大させようという話だからです。そのため、ここでは見込み客を増やすことも必要です。

見込み客を増やすための方法の一つが、新規サービスの立ち上げです。

今までとは違う分野の商品やサービスを提供すると、新たなニーズが生まれて、顧客との接点が増えます。

とはいえ、何の知識もノウハウもない分野に手を出すのはリスクが高いので、自社の既存事業から派生させるのが堅実な方法です。

新規サービスについては、「本業に対してプラスアルファになる事業」という視点で考えてみます。

まず、自社で必勝できるビジネスをつくる。

それから、その必勝ビジネスの周辺で、何かビジネスをできないかを考えてみる。

この2つのプロセスで考えてみましょう。

前述した不動産会社なら、新築の建築が本業で、リフォーム会社がそこから派生したビジネスになります。家を建てた顧客のマイホームを、毎年無料で点検していたら、「洗面所のリフォームをお願い」などと注文が入るかもしれません。

そこから、利用者が「あの会社のリフォームはよかった」と知人に勧めてくれたら、見込み客が増えていきます。

メディア・ビーなら必勝ビジネスはＷＥＢ制作ですが、そこから周辺ビジネスとしてＹｏｕＴｕｂｅの動画をつくるビジネスが考えられます。ホームページをつくりながら、「御社の場合、この商品は動画で訴求したほうがわかりやすいのではないですか？　その動画、うちでもつくれますよ」と軽く提案をできます。
そうすれば、プラスアルファの売り上げをつくれるでしょう。

なお、今の事業の売り上げを50％アップさせようと考えたらハードルは高くなりますが、５ｗａｙｓのすべてを10％ずつアップさせるのなら、それほど大変ではありません。

５ｗａｙｓをうまく活用しながら、売り上げを拡大させる方法を考えてみてください。

ステップ③　仕組化

■社員を育てる仕組をつくる

このステップの仕組化の一つは、人材育成の仕組化があります。

たとえば新入社員が入ってきたときに、教育するための仕組ができているのかどうか。

仕組ができていないと、新入社員に対して先輩がマンツーマンで仕事を教えていかなければならなくなります。人材に余裕がある会社ならいいかもしれませんが、小さな会社はそこまでの余裕がないので、社員が教えなくて済むような方法を考えたほうがいいでしょう。

その一つとして、**マニュアルを動画でつくる方法**を提案します。

ある焼肉屋さんでは、接客の仕方や料理の提供の仕方、キッチンでの作業などをすべて動画にして、新しいアルバイトが入って来たらそれを繰り返し見てもらい、ある程度覚えたらすぐに現場に出しています。

教育係をつくって手取り足取り教える方法だと、教える側の時間がとられますし、相手がなかなか覚えられないとストレスがたまるでしょう。しかも、教育係によって教えることが微妙に違ってしまうのもよくある話です。

せっかく教えてもすぐに辞めてしまう人も多いので、キリがありません。

動画なら誰にもストレスがかからないし、誰が見ても同じ作業をできるようになるので、仕事のレベルをそろえられます。

教わる側も、何度教えてもらっても覚えられなかったら「また先輩に聞くのも悪いな」と遠慮して、ミスを連発してしまったりします。動画のマニュアルがあれば、わからなくなったらその都度確認できるので、ストレスなく作業を覚えられるでしょう。

新入社員から何か質問を受けたら、その回答も動画にすれば、現場の全員で共有できます。そうやってマニュアルをバージョンアップしていくのです。

前述したように営業も動画でマニュアルをつくれます。

それも、ナンバー1営業マンのノウハウを動画にすべきです。

本人はノウハウを出し惜しみするかもしれませんが、それ以降、入ってくる営業マンはすべてその動画コンテンツを見ることによって、あたかもナンバー1営業マンから直接学んでいるのと同じようにノウハウを身につけられるわけです。

後輩が実演した様子を動画で撮影して、先輩にチェックしてもらうのも育成になります。

接客業や工場の製造現場、調理や工事現場など、動きのある業務だけではなく、デスクワークも動画でマニュアルをつくれると思います。

経理のソフトに入力する作業だったら、動画で「この欄にはこの数字を入力してください」と画面を映しながら説明します。

凝った動画をつくる必要はなく、普段の業務を撮影するだけでOK。

Ｚｏｏｍなどのレコーディング機能で社員に指導した動画を、ほかの社員と共有する方法もあります。

とにかく、業務を覚えてもらうのが目的であり、キレイな動画をつくるのが目的ではないので、動画作成に時間をかける必要はありません。

社員が3〜5人くらいであっても、これから会社を大きくしたいなら、人材育成の仕組はつくったほうがいいです。会社の拡大期は忙しくて社員教育をしている余裕はなくなるので、できれば余裕のある時期に仕組をつくっておくのをお勧めします。

■ＯＪＴが組織を亡ぼす!?

私はＯＪＴ（On the Job Training）はガンだと思っています。

ＯＪＴは上司や先輩が実際の仕事を通じて部下や後輩を指導する教育です。営業なら先輩に同行して営業トークや契約までの流れを学ばせます。あるいは、後輩が作業しているのを側で見守り、「そこはこうするんだよ」と教えたりします。

私は、こういう教育方法は時間のムダだと思えてなりません。

たいてい教える役割を任されるのは、会社のエース級の能力が高い人材です。**もっとも生産性の高い人材を、もっとも生産性の低い新入社員の教育に充てて**

いる。そう考えると、その時間にもっとエース社員にしてもらわなければならない仕事はあるのではないかと思います。

しかも、OJTは社員間のコミュニケーションをズタズタにします。先輩と後輩、上司と部下の間で主従関係をつくってしまい、パワハラも起きやすくなります。社会の厳しさを教えようと、「学生気分じゃ、やっていけないんだぞ?」と叱り飛ばす上司は今でもいるようです。

そもそも、仕事は優秀でも人に教えるのが上手とは限りません。本来、教えるべきではない人が教えているケースも多いので、**OJTはもうなくしてもいい習慣ではないでしょうか。**

■生産性を上げる仕組をつくる

ステップ③では生産性の向上にも取り組みます。

生産性が向上しないまま会社が拡大していったら、間違いなくブラック企業化します。だから、**ムダな業務を省いて、外注やITなども利用しながら、生産性をアップします。**

そのための仕組化についてはこれまでの章でも述べて来たので、それを参考にしてください。

社長1人で構築するのが大変なら、仕組化を担当する人や部署をつくってもいいかもしれません。大企業では仕組づくりの専門の部署をつくり、徹底して取り組んでいるところもあります。

ところで、ステップ①で基礎を固めたら、次に人材育成や会社の仕組を整えたほうがいいような気がしませんか？

このステップが3番目に来ているのには理由があります。

ステップ①が大幅に変わったら、ステップ②の営業・マーケティングも変わる可能性があります。そして、営業・マーケティングが変わったら、新規ビジネスも変わるかもしれないので、ステップ③の人材育成や会社の仕組もそれに伴って変更する必要があるかもしれません。

したがって、ある程度、ステップ①と②が固まってからステップ③に取り組んだほうが効率的なのです。

ステップ④　組織・人材

■事業を自走化させるためのチームづくり

事業を拡大するための仕組が整ったら、次に取りかかるのはチームづくりです。

それも、**社長が会社にいなくても社員だけで自走できるようなチームづくり**をしなくてはなりません。

事業を広げるには、どうしても今以上の人手が必要になります。さらに、会社が成長軌道に乗ると、どんなにいい会社でも辞めていく人が出てきます。離職率が0％の会社はないので、それは仕方がないものだと割り切るしかありません。

ただし、1人辞めたら1人雇うといった場当たり的な採用をするのではなく、事業を自走させるために必要なのはどういう人材か、という視点で選ぶ必要があります。

そのために必要なのは、今仕事がなくて困っているような人材ではなく、どこかの企業で活躍している優秀な人材です。同じような成長のステージにある企業で人を束ねた経験がある人とか、新規事業の立ち上げに関わったことがある人とか、**会社の即戦力になる人を採用**しなくてはなりません。

優秀な人材は、漠然と求人広告を出していても集まらないでしょう。

場合によってはヘッドハンティングで引き抜く必要があるかもしれませんし、知り合いに優秀な人材を紹介してもらう方法もあります。タイミングが合えば、転職を考えている優秀な人材を紹介してもらえるかもしれません。

ステップ①でチームづくりをしないのは、ビジネスを効率化していない段階でそれをしてもうまくいかないからです。

「新規事業を立ち上げるから」とやみくもに人材を増やしても、職場の環境が整っていなかったら、混乱するだけです。

どのように集客するか、営業の方向性を決めて、すべての部署の作業の効率化を図って、エンパワーメントする体制を整えて……という状況になって初めて、新しいチームをつくれます。

そのチームのメンバーはすべて自社でそろえなくても、仕事を委託できる外注先もメンバーに含めていいでしょう。個人事業主なら、すべて外注のメンバーでチームをつくる方法もあります。

■幹部社員をどう育てるか

このステップに来たら考えなくてはならないのは、幹部社員の育成です。社長が会社に来なくてもいい状況にするには、幹部社員が社長の代わりになってマネジメントしてくれるようにならなければなりません。

そのために、今までの章で述べてきたように、エンパワーメントできる体制を整えます。

たとえば、幹部社員の役割は次のように決めて委任します。

・新商品、新規事業の方向性の調査、試行

・部署の計画策定、計画管理
・業務の標準化、マニュアルの作成と更新
・チームの作業状況や結果を確認し、ＰＤＣＡサイクルで改善していく
・部下の教育、育成
・取引先との関係の構築

もちろん、いきなりこれらすべてを任せたら相手はつぶれてしまうので、少しずつ任せていきます。

ここは数年かかるかもしれませんが、来るべき事業の自走化の最終ステップだと思い、辛抱しましょう。

実は、ここまでのステップをクリアできたら、事業は自走化します。社長は毎日会社に来なくても、社員だけで仕事を回せるようになるでしょう。

そこで生まれるのが、新たな社長の仕事です。ステップ⑤とステップ⑥が次なるステージになります。

ステップ⑤　シナジー

■ステップ④までの仕組を横展開する

ステップ①から④までで一つの事業を自走化できたら、そのノウハウを活かして別の事業に横展開します。

たとえば、ホームページ制作事業と飲食事業をやっている会社があったなら、両方を同時に仕組化していくのではなく、まずはどちらか一つの事業で①〜④ステップを実践してみます。

そこでノウハウを身につけたら、もう一つの事業で同じことを繰り返します。それ以外の新規事業を立ち上げてもすることは同じで、①から④ステップまでを繰り返すだけです。

最初はステップ①の基礎固めだけで1年くらいかかるかもしれません。ステップ②以降も数カ月～数年かかります。

やはり自走化させるには一つひとつを積み上げていかないといけないので、そこは焦らずに取り組むしかありません。

それでも、自走化が実現したら、「時間がかかってもやってよかった」と思えるでしょう。

■他社の事業をM&Aする

M&Aするのは上場したそれなりに大きな規模の会社というイメージがあるかもしれませんが、1億円企業になったら視野に入れてもいいと思います。

今は後継者不足の中小企業も多いですし、伸び悩んでいるベンチャー企業もたくさんあります。自社と同じくらいの規模か小さな規模の企業で、探してみるのをお勧めします。会社を丸ごと買わなくても気になる事業だけ買い取るのもアリです。

そして、新しい会社を買ったら、まず何をしなくてはならないかと言うと、ステップ①の基礎固めです。**新しい会社でステップ①から④までを実践して、自走化したら社長は会社から離れます。**

M&Aで企業が合併すると、よくあるのは買い取った企業を自社のやり方に合わせようとするケースです。

しかし、A社とB社は企業風土もビジネスも、ビジョンから商品からすべて違うので、A社のやり方をB社に適用できるとは限りません。それを強引に進めるから、多くの合併はうまくいかずに内部がガタガタになるのだと思います。

みずほ銀行はしょっちゅうシステム障害を起こしていますが、これは合併の際の勢力争いが尾を引いていると言われています。

実は、私も次のステップ⑥までを知る前にM&Aで新しい会社を買い取ったのですが、そのときはうまくいきませんでした。買い取った会社にメディア・ビーのやり方を適用しようとしたら、反発して辞めていく人が続出しましたし、業務が全然回らなくなりました。

その教訓から、今では、新しい会社の企業風土やビジネス、社員に合わせて仕組づくりをしています。

４つの基礎を固めてから営業・マーケティングで一気に売り上げを拡大する仕組を整えて、業務を効率化するために仕組を整え、さらなる成長のために幹部を育てて人材をそろえる。そこまでして自走化したら、次の企業のM＆Aを考えます。

次のステップ⑥までの通りに実践したら、新しい会社も成長軌道に乗れました。

１００社あったら１００社とも、基礎の部分から違います。それなのに同じことを適用しようとするとハレーションを起こします。

だから、会社ごとにステップ①から④までをつくり直していくしかありません。

しかし、一度成功体験を積んで次のステップ⑥までをマスターすれば、次からは同じことを繰り返すのもそれほど難しくはない、というのが私の実感です。

自分と同じことをできる右腕を育てて、右腕に新しい会社でこのステップを実践してもらってもいいでしょう。そうすれば難なく子会社が増えていきます。

ステップ⑥　結果

■うまくいかないときは前のステップに戻ろう

　ステップ①から⑤までやり遂げたとき、いくつもの事業の自走化を実現しつつ、**社長が自分の会社には行かなくてもいいという状況**になれます。それが成果の実現です。

　この段階になったら、1カ月間、1秒も仕事をしなくても会社は回ります。アクションコーチの創業者のブラッド・シュガーズのように50社経営するのも夢ではありません。

　私はビジネスが趣味なので次の事業のことを考えたり、週に1回は会社に足を運んでいますが、毎日ゴルフをして遊んで暮らしてもいいでしょう。自分で働かなくてもお金が入って来る、いわゆる不労所得を実現できます。

ビジネスを成功させるのには才能や運が必要なのではなく、6ステップに沿って進めていけば、誰でも成功できます。

もしうまくいかないのなら、前のステップに戻ってやり直してみてください。ステップ②でつまずいたら、ステップ①の基礎のどこかに問題があるでしょうし、ステップ③がうまくいかなかったら、ステップ①か②のどちらかに問題があります。

最初の頃は、何を持ってステップ①ができているのかがわからないので、「できたつもり」になって不十分なまま次のステップに移ってしまうかもしれません。順調に進んでいるつもりでも、ステップを進めるうちにいろいろな問題が出て来て、立ち止まらざるを得ない状況になることも考えられます。

そういう場合も、最初からうまくいかないのは当たり前だと考えて、前に戻ってやり直してみましょう。慣れてきたらコツがつかめるので、それを信じてやり続けるしかありません。私が実現できたくらいなので、誰でもうまくいくと思います。

コツさえつかめれば、1億、2億規模の会社は、3～5年かければどんどんつくれます。

なお、ステップ①～④を実践していると、もっと細かい現実的な問題が出てくるでしょう。

たとえば、「人事評価制度はどうつくればいい？」「ＩＴ化をどう進めればいい？」という具合に。

それに関しては、その分野の専門書を読むか、研修を受けに行くなどして勉強するのがベストです。

アクションコーチの６ステップはビジネスを成長させるための流れをつくるようなものなので、細かい問題点は自分で補う必要があります。自社に合った方法でカスタマイズしていけば、自社なりの勝ちパターンを構築できるでしょう。

第6章

小さな会社を１億円企業に育てるための７つの教え

本書では、1億円の壁を越えるための仕組づくりについてお話してきました。

最後に、**私が今まで大切にしてきた7つの心構え**をご紹介します。

どんな会社にも浮き沈みはあり、とくに業績が低迷している時期は試練の連続です。そんな時期も腐らず、社長業を投げ出さずにやり続けるには、覚悟が問われます。

また、絶好調の時期に有頂天になっていると足元をすくわれます。

1億円企業の壁を超えるためには、どんなときでも平常心を保っていられるようなメンタルが必要です。私自身、まだまだ鋼のようなメンタルにはなっていませんが、主に7つのことを心掛けるようにしています。

皆さんのご参考にしていただけると幸いです。

「自分は無能だ」と気づこう

小さな会社が1億円企業に成長するためにもっとも大事なのは、社長が「自分は無能だ」と自覚していることです。

少なくとも私は、自分は無能だと思っています。

ホームページをつくる能力は、私より社員のほうがはるかに高い。私もつくれますが、彼らほどではありません。

営業もそうです。私の営業力は、外注している営業代理店の担当者たちの足元にも及びません。

それ以外にも、請求書をつくる能力も、社員を育てる能力も、私よりすぐれた社員がいます。総合力で見れば、私は社内ではナンバー1かもしれませんが、一つひとつの能力では劣るでしょう。

だから、エンパワーメントするのです。私より能力の高い社員に仕事を委任するのが最適解であり、委任したら私は口出しせず、任せきる。自分の能力の限界さえ知っていれば、1人で仕事を抱え込もうとは思わなくなります。

忙しく働くことが社長の美徳だと思っているのなら、それは間違いです。**社長しかできない仕事に専念することが、社長の仕事**です。社長がすべき仕事以外のことをするのは、社長の立場を放棄しているのと同じことだと私は思っています。

会社は社長の器以上に成長しないと言われています。

1億円企業を目指したいなら社長の器を広げなくてはなりません。社長が1人で営業して実務を回しているうちは、1億円は超えないでしょう。

自分が無能だと自覚して、人に任せきったら自分のキャパシティを広げていけます。

自分は自営業者のままでいたいか、ビジネスオーナーになりたいか

世界的なベストセラー『金持ち父さん　貧乏父さん』（筑摩書房）のロバート・キヨサキは、キャッシュフロー・クワドラントという考え方を提唱しています。

キャッシュフローとはお金の流れのこと。クワドラントとは象限を意味し、象限とは数学でよく使われるX軸とY軸で4分割にした図のことです。

キャッシュフロー・クワドラントは「Eクワドラント」「Sクワドラント」「Bクワドラント」「Iクワドラント」の4つに分けられています。

Eクワドラント……Employee（従業員・サラリーマン）
Sクワドラント……Self-employed（自営業）
Bクワドラント……Business owner（ビジネス・オーナー）
Iクワドラント……Investor（投資家）

世の中のすべての職業はこの4つのどれかに当てはまるというのがキャッシュフロー・クワドラントです。

皆さんは、自分はどこに当てはまると思いますか？

多くの社長は、自分は「自営業」だと思うでしょう。

このクワドラントから見えてくるのは、**「何をお金に換えているのか？」**ということです。

サラリーマンは自分のお金と労働力。自営業も自分の時間や労働力を切り売りすることで収入を得ているという位置づけになります。サラリーマンと自営業の違いは、意思決定権が自分にあること。そして、自分は働けなくなったら収入はゼロになります。

私は、1億円企業の壁を越えられるかどうかは、自営業からビジネスオーナーになれるかどうかにかかっているのではないか、と考えています。

ビジネスオーナーは自分で会社を立ち上げて、意思決定権もある点では自営業と同じです。しかし、仕組やお金を働かせてお金を得ているという点が違います。ここでのお金を働かせているというのは、自分は働かずに、従業員やシステ

キャッシュフロー・クワドラント

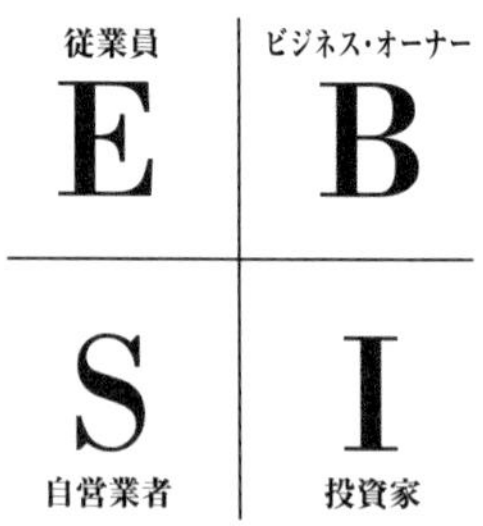

ムが働いてくれることでお金を得られるという意味です。

なお、投資家はお金を働かせてお金を得ます。

社長が実務をしている時点で、社員が100人、1000人いてもビジネスオーナーではなく、自営業になります。ロバート・キヨサキは、「ビジネスオーナーは社長としての仕事以外をしてはいけない」と言っています。

上場企業の社長で実務をやっている人は、ほとんどいないでしょう。

なぜなら、上場して資金を調達するには、社長がいなくても仕事が回るような仕組化が必要だからです。投資する側は今後の会社の成長を期待して株を買うのに、社長ががっつり実務をしていたら、「社長が倒れたら、この会社は終わる」と思われて、投資してもらえないかもしれません。

もちろん、自営業としての誇りを持ち、ずっと現場の最前線で働きたいのなら、それでもいいでしょう。それが自分のミッションであるなら、貫き通せばいいと思います。

しかし、**1億円企業の壁を越えたいなら、そして多忙すぎる自分の生活を変えたいなら、自営業からの脱却を目指してください。**

お金を儲けられない会社は悪である

何のために会社をつくるのか。

私は、この問いに対してハッキリと、「我々の会社が儲けるためです」と答えます。

社会貢献も大事です。

しかし、お金を儲けることより社会貢献に重きを置くのなら、会社を経営するより、ＮＰＯ法人を立ち上げるほうが理に適っているでしょう。ＮＰＯ法人は営利目的ではないので、存分に社会貢献をできます。

会社にするのなら、営利目的であり、自分や社員が食べていくためだという前提を忘れてはなりません。

厳しい言い方になりますが、お金を儲けられない企業は悪だと私は考えています。自分の会社で働いてくれている社員にまともに給料を払えず、取引先にも支払いができなかったら、大勢の人に迷惑をかけているので悪でしょう。

「世のため人のため」というキレイごとを言うより、正しいビジネスによって、正しい対価を受け取って、正しく利益を出すのは、推奨されるべきです。それで社員を養えれば十分に社会貢献になります。上場すれば株主に利益を還元できるので、そこでも貢献できるでしょう。

お金儲け自体を目標にするのではなく、社員に対して「我々は○○のためにお金を稼ぐ」とハッキリ言うのはむしろミッションを共有するために大事です。

外資系ホテルのリッツカールトンがお客様に感動体験を与えるために、従業員に20万円の決裁権を与えているのは有名な話です。その20万円を使って、お客様がホテルに忘れた大事な書類を届けるために、飛行機に乗って届けに行った従業員がいるなど、感動エピソードが語り継がれています。

それもお金を儲けているからできることです。

顧客や社員を満足させるためにお金を儲けるのは善です。それが社員に伝われば、社員も正しいビジネスをしようと思うはずです。

正しく「楽」する

人間は基本的に怠け者です。

私も自分をついつい甘やかしてしまうし、多くの社長も自分を甘やかしてしまうでしょう。

社長はほかの立場の人に比べるとストイックで頑張り屋な人が多いですが、その社長たちですら、隙あらばサボろうとします。それはもう人間の性です。

ただし、楽をするタイプには2種類あります。**会社を仕組化して楽をしようとする人と、サボって楽をしようとする人**。

同じ楽をするなら、前者であるべきでしょう。仕組化できるまでは大変ですが、将来、楽をできると信じて、今やるしかありません。正しく楽をする方法を選べれば、自分も楽ができますし、社員も楽ができます。

参考までに、私が普段、楽をするために取っている方法をご紹介します。

ムダを省いて自分の時間をつくるために、私は週に3日くらいしかメールを読みません。頻度も1日につき1回です。

メールを読む日時を決めてスケジュールに入れておいて、その時間に集中して読んで返信します。一日に1回しか時間を使わないのは、通知機能でメールが届いたとわかったら、そのつどメールを読みにいくのは非効率だからです。それまでにしていた作業が中断されるので、いい方法だとは思えません。

「メールで即レス」は、以前はビジネスマナーになっていましたが、今は実行している人は少なくなっているように感じます。

私は急ぎの連絡はLINEやチャットワークのようなツールでしています。チャットはメールと違い、「お世話になっております」というあいさつ文から入る必要はなく、「先日の案件、どうなった？」と要件だけ確認すればいいので、とても楽です。

こういう楽をする方法なら、どんどん採用してもいいと思います。

社外にコーチを見つけよう

社長は孤独だとよく言われています。

確かに、何かの決断をするときに幹部にいつも相談できるわけではなく、1人で考えて決断を下さなくてはならない場面も多々あります。

私も仕事を社員に丸投げして会社が空中分解しそうになったときは、心が折れそうになっていました。

それでも踏みとどまれたのは、同じような起業家の仲間がいたからです。

やはり、同じような悩みを共有できる仲間がいると心強いです。いろいろな起業家の集まりがあるので、自分と合う集まりを探してみるといいかもしれません。

そして、第5章でご紹介したアクションコーチに、私は今も週に一度コーチングをしてもらっています。

その一週間、何をして、どのような結果が出たのかを報告して、来週は何をするのかを決めます。コーチングなので、アドバイスをしてもらうというより、セッションをするうちに自分の考えや気持ちが整理されて、何をすべきかが見えてくるという感じです。

これは前項の自分を甘やかす気持ちを律する効果もあるかもしれません。

全員にアクションコーチを勧めるつもりはありませんが、社外に相談できる相手を見つけたほうが自分を見失わないでいられます。

ただ、相談相手はメンターよりコーチのほうが社長には適しているのではないかと思います。

社長に必要なのは、アドバイスを受けるより、コーチに思考を整理してもらい、何をすべきか、自分で答えを出せるよう導いてもらうことではないでしょうか。

欧米ではエグゼクティブ（経営幹部）がコーチングのプロを雇って、セッションを受けるのは一般的になっています。

『1兆ドルコーチ　シリコンバレーのレジェンド　ビル・キャンベルの成功の教え』（エリック・シュミット他著／ダイヤモンド社）という本が、日本でもベストセラーになりました。それを読んでも、アメリカでは社長にコーチがつくのは当たり前なのだとよくわかります。

プロ野球選手は自主トレだけではプロとしてやっていけず、コーチの適切なアドバイスが不可欠でしょう。社長も成長するためには一流のコーチが必要なはずです。

これから、日本では社長がコーチをつけるのが浸透していくのではないでしょうか。

私はもっと早くコーチをつければよかったと今では感じています。

コーチに当たりはずれや相性の良し悪しはあるでしょうが、自分が信頼できる相手を探してみてはいかがでしょうか。

自分で必勝法をつくっていく

前述しましたが、本書で紹介した仕組やアクションコーチは、自社にそのまま取り入れてもうまくいくとは限りません。自社に合う方法は、自分で考えて、必勝法を見つけましょう。

100社あれば、100通りの仕組があってしかるべきです。

とはいえ、最初は仕組化するのもコツがわからず、本書で紹介した方法をコピーするだけかもしれません。**「学ぶ」の語源は「真似る」**だと言われます。それでうまくいかなければ、自社流にアレンジすればいいだけです。

一つ言えるのは、本書を読んだだけでは何も変わりません。

自分の会社で実践してみて、初めて変化を起こせます。その点を忘れないでください。

ワーク・オン思考を持とう

ワーク・イン思考、ワーク・オン思考という考え方があります。

それぞれ日本語の意味は、ワーク・インは「作業をする」、ワーク・オンは「取り組む」です。ここから、

・ワーク・イン思考は目の前の作業しか目に入らないような狭い思考

・ワーク・オン思考は将来のための戦略を考えて取り組む広い思考

を意味します。

営業で言うなら、ワーク・インは目の前の仕事を取るためにアプローチをすることになります。今、目の前の仕事、取る——この3つがワーク・イン的な思考です。

クライアントが、今、目の前にいる。今、プレゼンをしている。今、これを受

注に持っていく。このように、今、目の前にある作業に取り組むのがワーク・インです。

一方ワーク・オンは、たとえばクライアントからの依頼を1回で終わらせるのではなく、2回、3回、4回に増やすためにどうすればいいのかを考える取り組みです。会社の成長を考えて、戦略を考えて、取り組む。ワーク・インが今目の前のことにしか意識が向かわないのに対して、ワーク・オンは未来に意識を向けることになります。

確かに、日常的に毎日やっている作業も大事です。それが会社の売り上げにつながります。

しかし、ワーク・インしかやっていないと、目先のことしか見えません。ずっと今の売り上げしか考えられず、それだけを追い続けていると成長しないのは言うまでもないでしょう。

たとえば、ワーク・イン思考の保険のセールスマンは、目の前の見込み客にどれだけ保険を売りつけるかしか考えないでしょう。ワーク・オン思考の保険のセールスマンなら「自分の強みは何で、それをどのように表現しようか」とか「お客さんからお客さんを紹介してもらうための仕組をどうつくろうかな」などの考え方をします。セールスを作業ととらえるか、仕組づくりの取り組みと考えるかの違いです。

ワーク・オン思考を持つには、マインドセット（ものの見方）を変えるしかないでしょう。

社長も聖人君子ではなく、人間なので、後ろ向きな考えになるときもあるものです。

「うちの社員は能力が低すぎる」と、人のせいにしたり、国のせいにしたり、景気のせいにしたり、自分以外の何かに責任転嫁しようとします。

そう思うこと自体は問題ありません。私にもそういうネガティブ思考に陥るときはあります。

しかし、ずっと何かのせいにするところから抜け出せないでいると、人を恨み、世の中を恨み、何もかもうまくいかなくなっていきます。

ネガティブな沼にハマらないためには、一時的に責任転嫁をするような思考をしても、「俺、今、人のせいにしちゃったな」と後ろ向きな考え方を認識できれば、それでいいのです。

ネガティブ思考になったときに、「言い訳しちゃったな」「見て見ぬ振りしちゃったな」と**自分の行動や考えを振り返る習慣が身につけられれば、ポジティブ思考になれます。**

なぜなら、「言い訳しちゃったな」と認識できると、だんだん言い訳しにくくなるからです。「人のせいにしちゃった」と自覚したら、徐々に他人ではなく、自分に問題があるのだと思えるようになるでしょう。

そうやって目先のことから思考の枠を外せると、ワーク・オン思考を持ちやすくなります。

人の生まれ持った性格はなかなか変わりませんが、そうやって訓練していけば、ネガティブな思考もポジティブに変えていけるだろうと、私は期待しています。

生まれつきネガティブな人はおそらくいないでしょう。ネガティブなことを考え続けているからそういう思考になるのです。反対に、生まれつきポジティブな人も存在せず、ポジティブなことを考えているうちに前向きな思考になるのだと、私は思います。

そういう場面で「ああ、今の自分はポジティブだった」「ネガティブだった」と思うだけで、次から意識が少しずつ変わります。

「もっとポジティブにならなきゃ」と自分に発破をかけなくても、「ネガティブだった」と自覚するだけでOK。

「しなきゃ」と思ったとたんにプレッシャーがかかりますし、「しなきゃ」の裏側には「今の自分ではダメ」と自己否定する気持ちがあります。それだと苦しくなるばかりなので、自分を責めずに客観的に自分の考えを見つめ直すだけで十分です。それだけでポジティブな考えになり、ワーク・オン思考になります。

即断即決できない人も、「今、即断即決できなかったな」と何度も自覚するうちに、即断即決できるようになっていきます。

簡単に自分を変えられる方法なので、試してみてください。

以上、私はいつもこの「7つの教え」を胸に、日々ビジネスに向き合っています。

もし、どのように自社で仕組をつくっていけばいいのかわからないのなら、私に相談してください。微力ながら、私がコーチとなって皆さんと一緒に走りながら、皆さんの会社を成長させるための仕組を考えられると思います。

本書が、皆さんが最短距離で成功に辿り着けるためのサポート役になることを祈っております。

おわりに

この本を最後まで読んでいただきまして、ありがとうございます。

私が2005年に起業したときは、いつかこうしてビジネス書を執筆することになるとは思っていませんでした。しかし、長く経営してきた（失敗の）経験と「アクションコーチ（Action COACH）」のメソッドのおかげで今回のチャンスをいただけたことに感謝しております。

さて、ここで皆さんに一つ謝っておきたいことがあります。

今「こうしてビジネス書を執筆することになるとは」と書きましたが、実はこの「おわりに」以外は自分で書いておりません。プロのライターさんに私の話した内容を文章に起こしてもらっています。しかし、そのことは本書の企画時から決めていましたし、それを私は正しい判断だと思っています。本書はまさに私が話した内容が正しく記載されていますし、それを文章のプロに読みやすいものにしてもらう、このほうが皆さんに正しい表現で伝わるはずです。

私は高校生の頃、稚拙ながらも小説を書いて同級生に読んでもらったり、投稿したりしていました（採用にはまったくかすりもしませんでしたが）。なので、自分で書いても最低限の文章を書く自信はあります。

しかし、それではいけません。

理由は「時間」と「品質」の問題です。本書を執筆するにあたって私が語ることにかかった時間は約13時間くらいでした。自分自身で執筆するのであれば同じ内容でもおそらくこの数倍の時間がかかることでしょう。社長は社長のやるべきことに集中すべきということは本書で述べたとおりです。自分で執筆するということは、社長の時間をふんだんに浪費して、プロ未満の稚拙な文章の本が完成するという最悪な状況を発生させることになります。だから、自分では書かなかったのです。

ホームページも「自分で作ったら無料だよ」とおっしゃる方がいらっしゃいますが、それがどういうことであるかは自明ですよね。

社長はその会社に1人しかいません。社長の時間はそれだけ重要なのです。そして、社長としての経営判断も1人でやることになりますが、それには判断ミスという危険を伴います。あなたが信頼し一緒に考え悩んで導いてくれるコーチと二人三脚で進まれることをお勧めします。

私も長らく1人で決断し、失敗することが多くありましたので、直線距離で成功するためにもそのほうがベストであると思っていますし、だから今こうしてプロのビジネスコーチとしても活動しているのです。

社長が社長のやるべきことに集中して、ビジネスの発展につなげていくためのヒントが本書には詰まっています。それを活かして会社を「仕組化」して売り上げ1億円超の会社にする方がたくさん出てくることを楽しみにしております。

ここには書き切れませんが、これまで私とビジネスで関わっていただいたたくさんの方々、そして、この本の企画に賛同していただいた明日香出版社の皆様、素晴らしい本を執筆していただいたライターの大畠利恵さんに心より感謝いたします。

長島　裕之

[著者]
長島裕之（ながしま・ひろゆき）
1973年、埼玉県さいたま市（旧大宮市）生まれ。
株式会社メディア・ビー代表取締役。
大学卒業後、ITアウトソーシングサービスを展開する企業に入社し、8年を経て起業。
M&Aの可能性も探りながら幅広い事業展開を目指し、現在はWeb系サービス業、写真撮影業、経営コンサル業、飲食店の4つの会社を経営。

年商1億円を目指す社長の「仕組化」の教科書

2021年 12月 22日　初版発行

著　　者　長島裕之
発 行 者　浜田充弘
発　　行　アスカ・エフ・プロダクツ
発　　売　明日香出版社
〒112-0005　東京都文京区水道2-11-5
電話　03-5395-7650（代表）
https://www.asuka-g.co.jp

印刷・製本　シナノ印刷株式会社

　ISBN 978-4-7569-2190-1

カバーデザイン　長谷川仁（コマンド・ジー・デザイン）